# clara

Kurze lateinische Texte
Herausgegeben von Hubert Müller

## Heft 36

# Ovid
# Amores und Heroides

Bearbeitet von Ursula Blank-Sangmeister

Mit 5 Abbildungen

Vandenhoeck & Ruprecht

# Liebe Schülerin, lieber Schüler!

Im vorliegenden clara-Heft finden Sie eine Auswahl aus zwei Werken des Publius Ovidius Naso, den *Amores* (Liebeselegien) und den *Heroides* (Briefe der Heroinen). Beide stehen am Anfang von Ovids glanzvoller Karriere, des zu seinen Lebzeiten berühmtesten Dichters Roms.

Der Begriff »Elegien« (ursprünglich »Klagelieder«) ist für die eher heiter-ironisch gehaltenen *Amores* etwas missverständlich, da die Gattungszuordnung allein auf dem Versmaß, dem sog. elegischen Distichon, beruht. Hingegen haben die ebenfalls im elegischen Distichon verfassten *Heroides*, Elegien in Briefform, auch inhaltlich etwas »Elegisches«, da die Situation, in der die jeweiligen Briefe geschrieben werden, immer ein schmerzliches Getrenntsein von der geliebten Person voraussetzt. Während der Dichter sich mit den *Amores* in die Tradition der römischen Liebeselegiker Catull, Properz und Tibull einreiht, aber eigene Wege beschreitet, sieht er sich mit seinen *Epistulae* als Schöpfer einer völlig neuen Gattung. Neu ist zumindest, dass er bekannten und weniger bekannten Frauen des Mythos ein ganzes Werk gewidmet und ihnen eine Stimme verliehen hat.

Um Ihnen die Arbeit mit den Texten zu erleichtern, sind wir folgendermaßen vorgegangen:
- In der rechten Spalte sind die Vokabeln angegeben, die nicht Teil des Grundwortschatzes sind. Rot hervorgehoben sind die Wörter, die zum Aufbauwortschatz gehören oder in der Textsammlung mehr als zweimal auftauchen. Alle diese rot markierten Wörter sind als Lernwortschatz gedacht und werden nur bei ihrem ersten Vorkommen aufgeführt.
- Am Ende der Ausgabe finden Sie ein Verzeichnis der Eigennamen und den Lernwortschatz, alphabetisch zusammengestellt.

Fragen und Aufgaben helfen Ihnen, die Texte zu verstehen und zu erschließen.

**ISBN 978-3-525-71738-7**

© 2015 Vandenhoeck & Ruprecht GmbH & Co. KG, Göttingen / www.v-r.de

Gesamtherstellung: ⊕ Hubert & Co, Göttingen
Gedruckt auf chlorfrei gebleichtem Papier.

*Abbildungsnachweis*: akg-images: S. 11; S. 35; akg-images / Erich Lessing: S. 23; wikimedia Commons: S. 40.

# Inhalt

# 1. Prooemium (*am.* 1,1)

1 Arma gravi numero violentaque bella parabam
  edere, materia conveniente modis.

Von Krieg und Waffengewalt in markigen Rhythmen zu künden schickte ich mich an, und zum Vers hatte ich den passenden Stoff.

3 Par erat inferior versus – risisse Cupido
  dicitur atque unum surripuisse pedem.

Jede Zeile war gleich lang wie die erste; da lachte Cupido, so geht die Sage, und stahl einen Versfuß.

5 »Quis tibi, saeve puer, dedit hoc in carmina iuris?
  Pieridum vates, non tua turba sumus. […]

Wer hat dir, wilder Knabe, das Recht verliehen, mit Versen so umzuspringen? Wir sind Jünger der Musen und nicht deine Vasallen.

13 Sunt tibi magna, puer, nimiumque potentia regna;
   cur opus adfectas, ambitiose, novum? […]

Du, Knabe, besitzt ja schon ein großes, ja übermächtiges Reich; warum, Ehrgeiziger, maßt du dir ein neues Amt an?

19 Nec mihi materia est numeris levioribus apta,
   aut puer aut longas compta puella comas.«

Ja, nicht einmal einen Stoff habe ich, der zu leichteren Rhythmen passen würde, sei es ein Knabe oder ein Mädchen mit hübsch frisiertem langen Haar.

21 Questus eram, pharetra cum protinus ille soluta
   legit in exitium spicula facta meum,
23 lunavitque genu sinuosum fortiter arcum,
   »Quod«que »canas, vates, accipe« dixit »opus!«

Ich war mit meiner Klage am Ende; da öffnete er schon den Köcher und wählte einen Pfeil, geschaffen, mich zu verderben. Kräftig spannte er mit dem Knie den Bogen, rundete ihn zum Halbmond und sprach: Da hast du Stoff zum Singen, Musensohn!

25 Me miserum! Certas habuit puer ille sagittas.
   Uror, et in vacuo pectore regnat Amor.

Ich Ärmster! Der Pfeil jenes Knaben ist unfehlbar ins Ziel gegangen: Ich stehe in Flammen, und Amor herrscht über mein eben noch freies Herz.

| | |
|---|---|
| 27 Sex mihi surgat opus numeris, in quinque residat:<br>     ferrea cum vestris bella valete modis! | So erhebe sich denn mein Lied in sechs Takten und es falle im fünften. Fahret hin ihr eisernen Kriege mitsamt euren Rhythmen! |
| 29 Cingere litorea flaventia tempora myrto,<br>     Musa, per undenos emodulanda pedes! | Muse, bekränze die blonden Schläfen mit der Myrte vom Meeresstrand und schreite im Elfertakt einher!<br>*(Übers. M. v. Albrecht)* |

1 Beschreiben Sie die Situation, in der sich der Dichter hier befindet, und erläutern Sie das Problem, dem er sich gegenübersieht.

2 Schreiben Sie die lateinischen Begriffe für die unterschiedlichen Versmaße (vgl. S. 41 »Zur Metrik«) heraus und ordnen Sie ihnen die laut Ovid passenden Inhalte zu (lateinische Stichworte).

3 Charakterisieren Sie das Verhalten Cupidos/Amors und die Beziehung zwischen ihm und dem Dichter.

4 Nennen Sie die sprachlichen Mittel, die darauf hindeuten, dass mit V. 27ff. ein neuer Abschnitt beginnt.

5 Charakterisieren Sie die Stimmung des Textes und begründen Sie Ihre Meinung.

6 Untersuchen Sie, inwiefern in dieser Einleitung zu Ovids *Amores* die im Zusatztext »Prooemium« aufgeführten Elemente wiederzufinden sind.

## Prooemium

Jedes Werk der lateinischen Literatur hat eine Einleitung, ein sogenanntes Prooemium. Übliche Elemente sind die Angabe des Themas, eine kurze Inhaltsangabe, die *invocatio*, d. h. die Anrufung einer übergeordneten Macht mit der Bitte um Inspiration und Unterstützung, die Begründung für die Entstehung des Werkes sowie die *captatio benevolentiae*, d. h. der Versuch, die Leserschaft für sich zu gewinnen.

## 2. Amors Triumph (*am.* 1,1)

1 Esse quid hoc dicam, quod tam mihi dura videntur
strata, neque in lecto pallia nostra sedent,
3 et vacuus somno noctem, quam longa, peregi,
lassaque versati corporis ossa dolent?

Esse … dīcam, quod: Was mag es bedeuten, dass
strātum: Lager, Bett; *poet. Pl.*
lectus: Bett
pallium: (Bett)Decke
sedēre: *hier*: ruhig liegen bleiben
quam longa: *erg.* fuit
peragere, ēgī: verbringen
lassus: müde, erschöpft
versātus: der sich hin- und hergewälzt hat
os, ossis *n.*: Knochen

5 Nam, puto, sentirem, si quo temptarer amore.
An subit et tecta callidus arte nocet?
7 Sic erit; haeserunt tenues in corde sagittae,
et possessa ferus pectora versat Amor.

temptāre: *hier*: quälen
subīre: *hier*: sich heranschleichen
tēctus: verborgen
callidus: schlau, verschlagen
haerēre, haesī: stecken bleiben
sagitta: Pfeil
possīdere, sēdī, sessum: in Besitz nehmen
ferus: wild
versāre: beunruhigen, plagen

9 Cedimus, an subitum luctando accendimus ignem?
Cedamus! Leve fit, quod bene fertur, onus. […]
17 Acrius invitos multoque ferocius urget
quam qui servitium ferre fatentur Amor.
19 En ego confiteor! Tua sum nova praeda, Cupido;
porrigimus victas ad tua iura manus.
21 Nil opus est bello – veniam pacemque rogamus;
nec tibi laus armis victus inermis ero.

subitus: plötzlich
luctārī: (an)kämpfen, sich widersetzen
quam quī = quam eōs, quī
servitium: Sklaven-, Knechtschaft
en!: siehe (da)!, wohlan!
cōnfitērī, fessus sum: (ein)gestehen
porrigere, rēxī, rēctum: darreichen
ad tua iūra: um uns dir zu unterwerfen
venia: Verzeihung, Gnade
armīs victus inermis: wenn ich als Waffenloser durch Waffen besiegt werde

23 Necte comam myrto, maternas iunge columbas;
qui deceat, currum vitricus ipse dabit,
25 inque dato curru, populo clamante »triumphum«,
stabis et adiunctas arte movebis aves.
27 Ducentur capti iuvenes captaeque puellae;
haec tibi magnificus pompa triumphus erit.

nectere: umwinden
coma: Haar
myrtus *f.*: Myrte
māternus: mütterlich, der Mutter
columba: Taube
decet: es gehört sich, es ist angemessen
currus, ūs *m.*: Wagen
quī: *gehört zu* currum
vitricus: Stiefvater; *gemeint ist der Schmiedegott Vulcanus*
triumphus: Triumph(zug)
adiūnctae avēs: Vogelgespann
puella: (junges) Mädchen
māgnificus: großartig, prachtvoll
pompa: Festzug

| | |
|---|---|
| 29 Ipse ego, praeda recens, factum modo vulnus habebo<br>    et nova captiva vincula mente feram. | modo: *gehört zu* factum<br>captīvā mente: mit ergebenem/<br>unterwürfigem Sinn |
| 31 Mens Bona ducetur manibus post terga retortis,<br>    et Pudor, et castris quidquid Amoris obest. | retortus: gebunden<br>quidquid: was auch immer; alles, was<br>obesse, sum, fuī: im Wege/entgegen<br>stehen |
| 33 Omnia te metuent; ad te sua bracchia tendens<br>    vulgus »Io« magna voce »triumphe!« canet. | bracchium: Arm<br>iō!: hurra!<br>canere, cecinī, –: singen, rufen |
| 35 Blanditiae comites tibi erunt Errorque Furorque,<br>    assidue partes turba secuta tuas. | blanditia: Schmeichelei<br>error, ōris *m.*: Irrtum; Irrfahrt<br>assiduē *Adv.*: ständig, stets |
| 37 His tu militibus superas hominesque deosque;<br>    haec tibi si demas commoda, nudus eris. […] | pars, rtis *f.*: *hier*: Abteilung<br>turba: *Apposition zu* blanditiae Errorque<br>Furorque<br>dēmere, dēmpsī, dēmptum: wegnehmen<br>commodum: *hier*: Stütze |
| 49 Ergo cum possim sacri pars esse triumphi,<br>    parce tuas in me perdere, victor, opes! […] | parce perdere: *Umschreibung für den*<br>*verneinten Imperativ*<br>perdere: *hier*: verschwenden, vergeuden |

1 Stellen Sie aus dem Text alle Ausdrücke zum Sachfeld »Kampf und Krieg« zusammen und erstellen Sie eine Mindmap.

2 a) Der Text lässt sich in fünf Abschnitte unterteilen: a) V. 1–4; b) V. 5–8; c) V. 9–22; d) V. 23–38; e) V. 49f. Fassen Sie den Inhalt der einzelnen Abschnitte in jeweils einem Satz zusammen. b) Beschreiben Sie den Aufbau der Elegie.

3 Sammeln Sie aus dem Text Beispiele für den sog. »poetischen Plural« (vgl. S. 42); äußern Sie Vermutungen, warum Ovid wohl gerade diese Wörter in den Plural stellte.

4 a) Nennen Sie die Personen und Personifikationen, die in Amors Triumphzug mitgeführt werden und erläutern Sie ihre Rolle.
b) Analysieren Sie das Bild, das hier von der Liebe entworfen wird; verwenden Sie dabei auch die Ergebnisse aus Aufgabe 1. Nehmen Sie Stellung.

5 Charakterisieren Sie den Gott Amor und zeigen Sie, welche Einstellung der Dichter ihm gegenüber hat.

6 Amor mit seinen Pfeilen – ein bis heute häufig gebrauchtes Bild. Arbeiten Sie Unterschiede zum Amor Ovids heraus.

7 Von Amor/Cupido zu den Putten: Informieren Sie sich über die Entwicklung der Amorfigur und vergleichen Sie wiederum mit Ovids Amorbild.

## 3. Ein Selbstporträt (*am.* 1,3)

1 Iusta precor: Quae me nuper praedata puella est,
   aut amet aut faciat, cur ego semper amem!
3 A, nimium volui – tantum patiatur amari;
   audierit nostras tot Cytherea preces!

5 Accipe, per longos tibi qui deserviat annos;
   accipe, qui pura norit amare fide!
7 Si me non veterum commendant magna parentum
   nomina, si nostri sanguinis auctor eques,
9 nec meus innumeris renovatur campus aratris,
   temperat et sumptus parcus uterque parens –
11 at Phoebus comitesque novem vitisque repertor
   haec faciunt, et me qui tibi donat, Amor,
13 et nulli cessura fides, sine crimine mores
   nudaque simplicitas purpureusque pudor.

15 Non mihi mille placent, non sum desultor amoris:
   Tu mihi, si qua fides, cura perennis eris.

17 Tecum, quos dederint annos mihi fila sororum,
   vivere contingat teque dolente mori!

19 Te mihi materiem felicem in carmina praebe –
   provenient causa carmina digna sua. […]

precārī: beten, bitten
nūper *Adv.*: neulich
praedārī: erbeuten, erobern
ā: ah!, ach!
nimium *Adv.*: zu viel, zu sehr
audierit ≈ audiat
tot: so viele
dēservīre: eifrig dienen, sehr ergeben
sein
nōrit = nōverit

nostrī sanguinis auctor: *Umschreibung
für* pater
eques: *erg.* est
innumerus: unzählig, zahllos
renovāre: *hier*: umgraben
arātrum: Pflug
temperāre sumptūs: Ausgaben
beschränken, bescheiden leben
parcus: sparsam; karg, ärmlich
comitēs novem: *gemeint sind die Musen*
vītis, is *f.*: Weinrebe, -stock
repertor, ōris *m.*: Erfinder
vītis repertor: *gemeint ist der Gott
Bacchus*
haec faciunt ≈ mē commendant
et mē … Amor: *Stellen Sie um*: et
Amor, quī tibi mē dat
nūllī = nēminī
cēdere: *hier*: nachstehen
simplicitās, tātis *f.*: Einfachheit,
Aufrichtigkeit
purpureus: purpurfarben
mīlle: *erg.* puellae
dēsultor, ōris *m.* amōris:
Schürzenjäger, Casanova
fidēs: *erg.* est
perennis, e: (be)ständig
quōs dēderint annōs = annōs, quōs
dēderint
fila sorōrum: (Schicksals-)Fäden der
Parzen
māteriēs, ēī *f.*: Stoff
fēlīx, īcis: glücklich; fruchtbar
sē praebēre: sich hingeben
prōvenīre: entstehen

*Nachdem der Dichter Beispiele für (mythologische) Frauengestalten angeführt hat, die von Zeus verführt und durch die Poesie berühmt wurden, schließt er:*

25 Nos quoque per totum pariter cantabimur orbem,               cantāre: (be)singen
   iunctaque semper erunt nomina nostra tuis.

1 Stellen Sie die Formulierungen zusammen, die Bitten und Wünsche zum Ausdruck bringen, und ordnen Sie sie nach ihrer grammatischen Form.

2 a) Sammeln Sie die Aussagen, die Ovid hier über sich selbst macht. Nennen Sie die Kategorien, die er dabei verwendet.
b) Analysieren Sie den Aufbau seines Selbstporträts.

3 Erklären Sie, mit welchen Argumenten der Dichter versucht, seine Angebetete für sich zu gewinnen, und nehmen Sie Stellung zu seiner Strategie.

4 Versetzen Sie sich in die Situation des umworbenen Mädchens. Was würden Sie von dem »Bewerber« noch gerne wissen? Nennen Sie Gründe.

## Das Leben Ovids

Ovid wurde im Jahre 43 v.Chr. als Sohn eines Mannes aus dem Ritterstand in Sulmo (heute Sulmona, etwa 100 km südlich von Rom) geboren und absolvierte in der Hauptstadt die übliche Rhetorik-Ausbildung, die ihn auf den Staatsdienst vorbereiten sollte. Doch finanziell durch das Vermögen seines Vaters abgesichert, entschied er sich für die freie Existenz eines Poeten. Er war mit den Dichtergrößen Vergil und Horaz, die eine Generation älter waren als er, und mit den Elegikern Tibull und Properz bekannt.

Gleich mit seinem ersten Werk, den seit dem Jahr 20 v.Chr. publizierten *Amores* (Liebesgedichten), hatte er großen Erfolg, ebenso wie mit seinen folgenden Dichtungen. Bald war er der gefeiertste Dichter Roms. Doch 8 n.Chr. traf ihn ein furchtbarer Schicksalsschlag: Kaiser Augustus schickte ihn in die Verbannung in das am Schwarzen Meer gelegene Tomi (heute das rumänische Constanza). Alle an Augustus und später an dessen Nachfolger Tiberius gerichteten Gnadengesuche blieben erfolglos. Ovid konnte zwar weiterhin dichten und seine Verse in Rom veröffentlichen, aber die ersehnte Rückkehr nach Italien blieb ihm verwehrt. 17 oder 18 n.Chr. ist er im Exil gestorben.

Die Gründe für seine Verbannung sind unklar; angeblich brachten ihn zwei Dinge zu Fall – ein unsittliches *carmen* und ein nicht weiter benannter *error*. Mit dem *carmen* könnte die (allerdings bereits acht Jahre zuvor erschienene) *Ars amatoria* gemeint sein, die den strengen Moralvorstellungen des Augustus gewiss nicht entsprochen hatte. Bei dem *error* vermutet die moderne Forschung, dass Ovid auf irgendeine Weise in einen Sittenskandal – einen Ehebruch, den Augustus' Enkelin Julia begangen hatte – verwickelt gewesen sei. Sie wurde jedenfalls im selben Jahr wie Ovid verbannt.

# 4. Beim Gastmahl (*am.* 1,4)

1 Vir tuus est epulas nobis aditurus easdem –
   ultima cena tuo sit, precor, illa viro! […]

13 Ante veni quam vir – nec, quid, si veneris ante,
   possit agi, video; sed tamen ante veni.

15 Cum premet ille torum, vultu comes ipsa modesto
   ibis, ut accumbas – clam mihi tange pedem!

17 Me specta nutusque meos vultumque loquacem;
   excipe furtivas et refer ipsa notas.

19 Verba superciliis sine voce loquentia dicam;
   verba leges digitis, verba notata mero.

21 Cum tibi succurret Veneris lascivia nostrae,
   purpureas tenero pollice tange genas. […]

31 Quae tu reddideris ego primus pocula sumam,
   et, qua tu biberis, hac ego parte bibam. […]

35 Nec premat impositis sinito tua colla lacertis,
   mite nec in rigido pectore pone caput; […]

51 Vir bibat usque roga – precibus tamen oscula desint! –
   dumque bibit, furtim si potes, adde merum.

53 Si bene compositus somno vinoque iacebit,
   consilium nobis resque locusque dabunt.

55 Cum surges abitura domum, surgemus et omnes,
   in medium turbae fac memor agmen eas.

57 Agmine me invenies aut invenieris in illo:
   Quidquid ibi poteris tangere, tange, mei.

59 Me miserum! Monui, paucas quod prosit in horas;
   separor a domina nocte iubente mea. […]

---

epulae, ārum. *f. Pl.*: Speisen; Gastmahl
nōbīs ≈ cum nōbīs
cēna: Mahlzeit
ante *Adv.*: früher

torum premere: sich auf das Speisesofa legen
modestus: bescheiden, sittsam
accumbere: sich zu Tisch legen
nūtus, ūs *m.*: Wink
loquāx, ācis: sprechend
fūrtīvus: heimlich, verstohlen
referre: *hier*: zurücksenden
nota: Zeichen
supercilium: Augenbraue
digitus: Finger
digitīs legere: an den Fingern ablesen
notāre: zeichnen
merum: (unvermischter) Wein

succurrere: *hier*: in den Sinn kommen
Veneris ≈ amōris
lascīvia: Ausgelassenheit, Zügellosigkeit
tener, a, um: zart
pollex, icis *m.*: Daumen
gena: Wange

*Stellen Sie um*: Pōcula, quae tū reddideris, ego
reddere: *hier*: weiterreichen
bibere, bibī, –: trinken
sinitō, ut: du sollst zulassen (*Imp. II*), dass
collum: Hals
lacertus: (Ober-)Arm
mītis, e: mild, sanft
rigidus: hart, rau

ūsque *Adv.*: in einem fort, ständig
rogāre: *hier mit einfachem Konj. ohne ut*
ōsculum: Kuss
fūrtim *Adv.*: verstohlen, heimlich
bene compositus: überwältigt
vīnum: Wein
fac memor + *Konj.*: denke daran, dass

meī: *Gen. von* ego, *Gen. part. zu* quidquid

sēparāre: trennen

63 Oscula iam sumet, iam non tantum oscula sumet:
　　Quod mihi das furtim, iure coacta dabis.
65 Verum invita dato – potes hoc – similisque coactae;
　　blanditiae taceant, sitque maligna Venus. […]
69 Sed quaecumque tamen noctem fortuna sequetur,
　　cras mihi constanti voce dedisse nega!

datō: du sollst geben (*Imp. II*)
malīgnus: missgünstig

quaecumque noctem fortūna
sequētur: wie auch immer die Nacht
verlaufen wird
crās *Adv.*: morgen
dedisse = tē illī dedisse

1 a) Gliedern Sie den Text und fassen Sie die Abschnitte in jeweils einem Satz zusammen.
b) Erläutern Sie anhand der Gliederung die Entwicklung, die das Gastmahl nimmt bzw. nehmen soll, und stellen Sie diese anhand einer Spannungskurve dar.

2 a) Erstellen Sie auf Deutsch eine Liste der Anweisungen, die der Dichter seiner Liebsten in Bezug auf sich selbst und in Bezug auf den *vir* unterbreitet.
b) Erläutern Sie die Absicht, die hinter allen diesen Anweisungen steht.

3 Vergleichen Sie mit Text 2, V. 31–36, und untersuchen Sie, inwiefern die dortige Beschreibung auf Text 4 zutrifft. Berücksichtigen Sie auch Ihre Antwort zu Text 2, Aufgabe 4b).

4 a) Beschreiben Sie die Lebenssituation der im Text angesprochenen Frau und führen Sie lateinische Textbelege an.
b) Beschreiben Sie das Mumienporträt; es stammt aus dem 2. Jhdt. n.Chr. aus der ägyptischen Provinz. Interpretieren Sie es, indem Sie überlegen, warum sich die Frau gerade so darstellen ließ bzw. warum ihre Angehörigen sie so darstellen ließen.

5 Informieren Sie sich über die augusteischen Ehegesetze und beziehen Sie aus deren Zielsetzung Stellung zum Inhalt der vorliegenden Textstelle.

*Ägyptische Malerei, um 160–180 n. Chr.: Mumienporträt
einer jungen Frau.*

# 5. Die Liebe als Kriegsdienst (*am.* 1,9)

1 Militat omnis amans, et habet sua castra Cupido;
   Attice, crede mihi, militat omnis amans.

3 Quae bello est habilis, Veneri quoque convenit aetas.
   Turpe senex miles, turpe senilis amor.

5 Quos petiere duces animos in milite forti,
   hos petit in socio bella puella viro.

7 Pervigilant ambo; terra requiescit uterque –
   ille fores dominae servat, at ille ducis.

9 Militis officium longa est via; mitte puellam,
   strenuus exempto fine sequetur amans.

11 Ibit in adversos montes duplicataque nimbo
   flumina, congestas exteret ille nives. [...]

15 Quis nisi vel miles vel amans et frigora noctis
   et denso mixtas perferet imbre nives?

17 Mittitur infestos alter speculator in hostes;
   in rivale oculos alter, ut hoste, tenet.

19 Ille graves urbes, hic durae limen amicae
   obsidet; hic portas frangit, at ille fores.

21 Saepe soporatos invadere profuit hostes
   caedere et armata vulgus inerme manu. [...]

25 Nempe maritorum somnis utuntur amantes,
   et sua sopitis hostibus arma movent.

mīlitāre: Kriegsdienst leisten
Atticus: *Eigenname*

Quae: *bezieht sich auf* aetās
habilis, e: passend, geeignet
Turpe: *erg.* est
turpis, e: hässlich, abstoßend;
schimpflich, schändlich
senīlis, e: greis(enhaft)

petiēre = petivērunt
socius vir: Partner
bellus: schön

pervigilāre: die Nacht
durchwachen
ambō, ae, ō: beide (zusammen)
terrā = in terrā
requiēscere, quiēvī, quiētum:
ruhen, sich erholen
forēs, ium *f. Pl.*: Tür
servāre: *hier*: bewachen

via: *hier*: Marsch
mittere: *hier*: vorausschicken
strēnuus: entschlossen
exēmptō fine: endlos

adversus: der sich entgegenstellt
duplicāre: verdoppeln
nimbus: Regen(guss)
congestae ... nivēs: Schneemassen
exterere: niedertreten

vel ... vel: entweder ... oder
dēnsus: dicht
imber, bris *m.*: Regen
nix, nivis *f.*: Schnee

īnfēstus: feindselig, gefährlich
speculātor, ōris *m.*: als Späher
rīvālis, is *m.*: Rivale, Nebenbuhler
oculōs tenēre in aliquō: jmd. im
Auge haben

gravis, e: *hier*: schwer zu erobern
līmen, minis *n.*: Schwelle, Eingang
amīca: Freundin

sopōrātus: schlafend
invādere, vāsī, vāsum: angreifen
caedere, cecīdī, caesum: erschlagen
armātus: bewaffnet
inermis, e: waffenlos

nempe *Adv.*: denn
marītus: Ehemann
sōpīrī: einschlafen
arma movēre + *Dat.*: Waffen
richten gegen

| 27 Custodum transire manus vigilumque catervas | vigil, is *m.*: Wächter |
| --- | --- |
| militis et miseri semper amantis opus. […] | caterva: Schar, Gruppe |

31 Ergo desidiam quicumque vocabat amorem,
desinat. Ingenii est experientis amor. […]

dēsidia: Müßiggang, Faulheit
ingenium: *hier*: Geist
experiēns, ntis: unternehmungslustig

41 Ipse ego segnis eram discinctaque in otia natus;
mollierant animos lectus et umbra meos.

sēgnis, e: träge, schlaff
discīnctus: locker, leichtsinnig
mollierant = mollīverant
mollīre: weich machen, verweichlichen
umbra: *hier*: Muße, Ruhe

43 Impulit ignavum formosae cura puellae
iussit et in castris aera merere suis.

impellere, pulī, pulsum: anstoßen, antreiben
īgnāvus: träge, feige
fōrmōsus: schön
cūra: *hier*: Bemühung, Werbung
aera merēre: Sold verdienen, Dienste leisten

45 Inde vides agilem nocturnaque bella gerentem.
Qui nolet fieri desidiosus, amet!

vidēs: *erg.* mē
agilis, e: aktiv, eifrig tätig
nocturnus: nächtlich
dēsidiōsus: träge, untätig

1 Vor der Übersetzung: Definieren Sie Ihre Vorstellung von Liebe und in welchen konkreten Verhaltens- und Handlungsweisen sie sich äußert. Notieren Sie Stichpunkte.

2 Beschreiben Sie, wie Ovid Vers 1f. sprachlich-stilistisch gestaltet und welche Wirkung er damit erzielt.

3 Nennen Sie die semantische Funktion folgender Genitive: *dominae* (V. 8); *ingenii experientis* (V. 32); *puellae* (V. 43).

4 a) Stellen Sie die Gemeinsamkeiten zwischen einem *mīles* und einem *amāns* (lateinische Wendungen) zusammen und ordnen Sie sie nach übergeordneten Kategorien.
b) Beschreiben Sie den Aufbau von Ovids Argumentation (V. 1–32).
c) Untersuchen Sie ihre Stichhaltigkeit.

5 Stellen Sie die Aussagen des Dichters über sich selbst zusammen (lateinische Formulierungen) und untersuchen Sie ihre Funktion.

6 Erläutern Sie die Absicht, die Ovid mit seiner These »Liebe=Kriegsdienst« verbindet.

7 Vergleichen Sie Ovids hier vertretene Auffassung von Liebe mit Ihren Ausführungen zu Aufgabe 1.

8 Ist der Text ernst gemeint? Begründen Sie Ihre Meinung.

## 6. Keine finanziellen Forderungen! (*am.* 1,10)

*Der Dichter war von seiner schönen Liebsten sehr angetan und voller Furcht, sie an einen anderen zu verlieren. Doch:*

9  Nunc timor omnis abest, animique resanuit error,
    nec facies oculos iam capit ista meos.
11  Cur sim mutatus, quaeris? Quia munera poscis.
    Haec te non patitur causa placere mihi.
13  Donec eras simplex, animum cum corpore amavi;
    nunc mentis vitio laesa figura tua est. […]

25  Sumite in exemplum pecudes ratione carentes;
    turpe erit ingenium mitius esse feris.
27  Non equa munus equum, non taurum vacca poposcit;
    non aries placitam munere captat ovem.

29  Sola viro mulier spoliis exsultat ademptis,
    sola locat noctes, sola licenda venit,
31  et vendit, quod utrumque iuvat, quod uterque petebat,
    et pretium, quanti gaudeat ipsa, facit.
33  Quae Venus ex aequo ventura est grata duobus,
    altera cur illam vendit et alter emit?
35  Cur mihi sit damno, tibi sit lucrosa voluptas,
    quam socio motu femina virque ferunt? […]

47  Parcite, formosae, pretium pro nocte pacisci;
    non habet eventus sordida praeda bonos. […]
53  Nec tamen indignum est a divite praemia posci;
    munera poscenti, quod dare possit, habet. […]

57  Officium pauper numerat studiumque fidemque;
    quod quis habet, dominae conferat omne suae.
59  Est quoque carminibus meritas celebrare puellas
    dos mea; quam volui, nota fit arte mea.

---

resanēscere, sānuī: wieder genesen
faciēs, ēī *f.*: Gesicht, Gestalt; Schönheit
quia: weil
dōnec: solange
simplex, plicis: einfach, schlicht; ehrlich
figūra: Gestalt; Schönheit

pecus, ūdis *f.*: Stück Vieh, Tier
ingenium: *hier:* Wesen(sart)
ferīs: *Dat.*
fera: wildes Tier
equa: Stute
taurus: Stier
vacca: Kuh
ariēs, etis *m.*: Widder
placitus: einer, der gefällt
captāre: *hier:* zu erobern versuchen
ovis, is *f.*: Schaf

exsultāre + *Abl.*: jubeln über
spolia, ōrum *n. Pl.*: erbeutete Rüstung; Beute
locāre: *hier:* vermieten
licenda: um sich mieten zu lassen
quantī gaudeat ipsa: der ihrem eigenen Lustgewinn entspricht
Venus, eris *f.*: *hier:* Liebesgenuss
ex aequō: gleichermaßen
damnum: Verlust, Schaden
lucrōsus: gewinnbringend
socius: gemeinsam
ferre: *hier:* genießen
parcite: hört auf!

pacīscī, pactus sum: sich ausbedingen; verabreden
sordidus: schmutzig, gemein

poscentī: *erg.* puellae
quod ... possit: *Akk.-Obj. zu* habet
habet: *erg.* dīves

officium: *hier:* Pflichtbewusstsein
numerāre + *Akk.*: *hier:* bezahlen mit
dōs, dōtis *f.*: Gabe
quam = puella, quam
nōtus: bekannt, berühmt

**14**

61 Scindentur vestes, gemmae frangentur et aurum;
   carmina quam tribuent, fama perennis erit.

   scindere: zerreißen
   gemma: Edelstein
   perennis, e: immerwährend, ewig

63 Nec dare, sed pretium posci dedignor et odi;
   quod nego poscenti, desine velle, dabo!

   dēdīgnārī: etw. dagegen haben
   quod … dabō: was ich dir verweigere,
   wenn du es forderst, werde ich dir geben,
   wenn du nicht mehr darauf bestehst.

1  a) Vergleichen Sie die frühere mit der jetzigen Situation (V. 9–14). Stellen Sie die entsprechenden lateinischen Belege zusammen.
   b) Zitieren Sie lateinisch, worin das *mentis vitium* (V. 14) der Geliebten besteht.

2  Erläutern Sie Inhalt und Funktion des Beispiels (V. 25–28), indem Sie zitieren, womit die Frau bzw. der Mann verglichen wird und was der Vergleichspunkt, das *tertium comparationis*, ist.

3  a) Charakterisieren Sie das in V. 29–48 beschriebene Verhältnis zwischen Mann und Frau. Welche Rolle kommt dabei dem Mann, welche der Frau zu?
   b) Zeigen Sie, wie der Dichter seine Kritik an diesem Verhältnis begründet.
   c) Nennen Sie die Stilmittel, die Ovid in dieser Passage verwendet, und beschreiben Sie ihre Wirkung.

4  Nennen Sie die semantische Funktion
   a) folgender Dative: *mihī* (V. 12); *ferīs* (V. 26); *damnō* (V. 35) und
   b) folgender Ablative: *corpore* (V. 13); *vitiō* (V. 14); *ratiōne* (V. 25); *mūnere* (V. 28).

5  Erklären Sie die Funktion des Konnektors *nec tamen* (V. 53).

6  Untersuchen Sie, wie das Distichon V. 53f. in den bisherigen Gedankengang passt.

7  a) Erläutern Sie, wie sich ein Armer seiner Liebsten gegenüber erkenntlich zeigen kann, und nennen Sie die lateinischen Stichwörter.
   b) Benennen Sie den besonderen Vorteil, den Ovid als Dichter hat. Wie begründet er diesen Vorteil?
   c) Lesen Sie noch einmal Text 3 und nennen Sie die Verse, die einen ähnlichen Gedanken beinhalten.

8  Arbeiten Sie heraus, auf welchen Prinzipien nach Meinung des Dichters eine Beziehung beruhen sollte, und nehmen Sie Stellung.

## 7. Der Reiz des Verbotenen (*am.* 2,19)

*Der Dichter fordert den Partner seiner Geliebten auf, sie streng zu bewachen, denn:*

3 Quod licet, ingratum est; quod non licet, acrius urit.
　　Ferreus est, si quis, quod sinit alter, amat.
5 Speremus pariter, pariter metuamus amantes,
　　et faciat voto rara repulsa locum.

ingrātus: unlieb, unerfreulich; undankbar
ūrere, ussī, ustum: (ver)brennen
ferreus: aus Eisen, eisern
locum vōtō facere: Raum für Wünsche geben
rārus: selten; gelegentlich
repulsa: Zurückweisung

7 Quo mihi fortunam, quae numquam fallere curet?
　　Nil ego, quod nullo tempore laedat, amo!

Quō … curet?: Was soll ich mit einem Glück, das mich niemals täuschen will?

9 Viderat hoc in me vitium versuta Corinna,
　　quaque capi possem, callida norat opem.

versūtus: schlau, durchtrieben
nōrat = nōverat
ops, opis *f.: hier:* Mittel

11 A, quotiens sani capitis mentita dolores
　　cunctantem tardo iussit abire pede! […]

ā: ah!, ach!
quotiēns: wie oft
sānus: gesund
mentīrī: sich ausdenken, lügen
cūnctārī: zögern
tardō pede: *gehört zu* cūnctantem

15 Sic ubi vexarat tepidosque refoverat ignīs,
　　rursus erat votis comis et apta meis.

vexārat = vexāverat; *erg.* mē
vexāre: quälen
tepidus: lau, erkaltet
refovēre, fōvī: wieder entfachen
vōtum: Gebet, Gelübde, Wunsch
cōmis, e: freundlich
aptus: *hier:* gefällig

17 Quas mihi blanditias, quam dulcia verba parabat!
　　Oscula, di magni, qualia quotque dabat!

dī: *Vok. Pl. von* deus
quot: wie viele

19 Tu quoque, quae nostros rapuisti nuper ocellos,
　　saepe time simulans, saepe rogata nega;

rapere: *hier:* betören
ocellus: Auge
timē simulāns: täusche Furcht vor!
negā: sag nein!

21 et sine me ante tuos proiectum in limine postīs
　　longa pruinosa frigora nocte pati.
23 Sic mihi durat amor longosque adolescit in annos;
　　hoc iuvat; haec animi sunt alimenta mei. […]

sine: *Imp. Sg. von* sinere
prōiectus: liegend
postēs, ium *m. Pl.:* Tür
pruīnōsus: voller Reif
dūrāre: dauern
adolēscere: wachsen
alimentum: Nahrung(smittel)

33 Si qua volet regnare diu, deludat amantem.
　　(Ei mihi, ne monitis torquear ipse meis!)

rēgnāre: herrschen
dēlūdere: täuschen, an der Nase herumführen
ei!: wehe!
nē ≈ timeō, nē
monita, ōrum *n. Pl.:* Ermahnungen
torquēre, torsī, tortum: foltern

35 Quidlibet eveniat, nocet indulgentia nobis –
    quod sequitur, fugio; quod fugit, ipse sequor.

37 At tu, formosae nimium secure puellae,
    incipe iam prima claudere nocte forem.

39 Incipe, quis totiens furtim tua limina pulset,
    quaerere, quid latrent nocte silente canes,

41 quas ferat et referat sollers ancilla tabellas,
    cur totiens vacuo secubet ipsa toro. […]

47 Iamque ego praemoneo: Nisi tu servare puellam
    incipis, incipiet desinere esse mea! […]

57 Quid mihi cum facili, quid cum lenone marito?
    Corrumpit vitio gaudia nostra suo.

59 Quin alium, quem tanta iuvet patientia, quaeris?
    Me tibi rivalem si iuvat esse, veta!

quidlibet ēveniat: was auch
immer geschehen mag
indulgentia: Nachsicht
sēcūrus + *Gen.*: sicher, sorglos
prīmā: *prädikativ* zu Beginn
foris, is *f.*: Tür
totiēns: so oft
līmina pulsāre: über die Schwelle
treten
quid: warum
lātrāre: bellen
silēre, uī, –: still sein, schweigen
canis, is *m./f.*: Hund
referre: *hier*: zurückbringen
sollers, rtis: geschickt; schlau
ancilla: Magd, Dienerin
tabella: Schreibtafel; Brief
sēcubāre: alleine schlafen
ipsa = puella
torus: Bett
praemonēre: im voraus warnen
servāre: *hier*: bewachen
quid mihi cum: was soll ich mit
facilis, e: *hier*: gefällig
lēnō, ōnis *m.*: Kuppler
gaudium: Freude, Vergnügen
quīn?: warum nicht?
patientia: Geduld
sī iūvat: wenn du Wert darauf
legst
vetāre, vetuī, vetitum: verbieten

1 Gliedern Sie den Text und geben Sie den jeweiligen Abschnitten eine Überschrift.

2 Informieren Sie sich darüber, wie der Begriff »Paradoxon« definiert wird. Stellen Sie aus dem Text die Formulierungen zusammen, die dieser Definition entsprechen.

3 Zitieren Sie die lateinischen Wendungen, die zeigen, welches Verhalten sich der Dichter a) von seiner Freundin und b) von einem Nebenbuhler wünscht.

4 Zitieren Sie lateinisch die Gründe, die Ovid für diese Wünsche anführt.

5 a) Erstellen Sie ein Porträt Corinnas. Wie wird ihr Verhalten vom Dichter bewertet?
   b) Nennen Sie die Ratschläge, die er aus der Erfahrung mit ihr für seine neue Angebetete ableitet.
   c) Analysieren Sie die dahinterstehende Logik.

6 Halten Sie den Dichter für einen Masochisten? Begründen Sie Ihre Meinung.

7 Charakterisieren Sie den Ton der Elegie. Belegen Sie Ihre Ausführungen auch anhand von Textzitaten.

8 Vergleichen Sie den Text mit Text 5.

## 8. Es reicht! (*am.* 3,11a)

1 Multa diuque tuli; vitiis patientia victa est;
    cede fatigato pectore, turpis amor!
3 Scilicet asserui iam me fugique catenas,
    et quae non puduit ferre, tulisse pudet.

5 Vicimus et domitum pedibus calcamus amorem;
    venerunt capiti cornua sera meo.

7 Perfer et obdura! Dolor hic tibi proderit olim;
    Saepe tulit lassis sucus amarus opem.

9 Ergo ego sustinui, foribus tam saepe repulsus,
    ingenuum dura ponere corpus humo?

11 Ergo ego nescio cui, quem tu complexa tenebas,
    excubui clausam servus ut ante domum?

13 Vidi, cum foribus lassus prodiret amator,
    invalidum referens emeritumque latus;

15 hoc tamen est levius, quam quod sum visus ab illo –
    eveniat nostris hostibus ille pudor!
17 Quando ego non fixus lateri patienter adhaesi,
    ipse tuus custos, ipse vir, ipse comes?

19 Scilicet et populo per me comitata placebas;
    causa fuit multis noster amoris amor. […]
25 Dicta erat aegra mihi – praeceps amensque cucurri;
    veni, et rivali non erat aegra meo!

27 His et quae taceo duravi saepe ferendis;
    quaere alium pro me, qui queat ista pati. […]

31 Desine blanditias et verba, potentia quondam,
    perdere – non ego nunc stultus, ut ante fui!

cēde: *erg.* ex
fatīgāre: ermüden
scīlicet *Adv.*: *hier*: jedenfalls
asserere, seruī: sich für frei erklären
catēna: Kette
pudet: es erfüllt mit Scham
domāre, domuī, domitum: zähmen, bezwingen
calcāre: treten
cornua: *als Zeichen der Tapferkeit*
sērus: spät

obdūrāre: ausharren, aushalten
ōlim *Adv.*: einst, dereinst
sūcus: Saft, Trank
amārus: bitter

repellere, reppulī, pulsum: zurückschlagen, -weisen
ingenuus: frei(geboren)
humō = in humō

nesciō cui: für irgendjemanden
complectī, plexus sum: umarmen
excubāre, uī: Wache halten
servus ut = ut servus
foribus = ē foribus
prōdīre, eō, iī, itum: heraus-, hervorkommen
amātor, ōris *m.*: Liebhaber
invalidum … latus: seine Lenden entkräftet und ausgedient nach Hause tragend

quam quod: als die Tatsache, dass
ēvenīre: *hier*: zuteil werden
pudor, ōris *m.*: *hier*: Schande
quandō?: wann?
fīxus + *Dat.*: geheftet an
adhaerēscere, haesī: (hängen) bleiben

scīlicet *Adv.*: freilich, natürlich
comitātus: begleitet
dicta erat: *erg.* puella
aeger, gra, grum: krank
āmēns, ntis: von Sinnen, außer sich

dūrāre: *hier*: hart werden
hīs ferendīs: durch das Ertragen dieser Dinge
quīre, queō: können
quondam *Adv.*: einst
perdere: *hier*: verschwenden

1 Der Text lässt sich in vier Abschnitte untergliedern: a) V. 1–6; b) V. 7f.; c) V. 9–28; d) V. 31f. Formulieren Sie für jeden eine Überschrift.

2 a) Nennen Sie die Gründe für die Verletztheit des Dichters. Notieren Sie lateinische Stichpunkte.
b) Erläutern Sie, was ihn – und warum – ganz besonders gekränkt hat.

3 Zeigen Sie, wie sich die Verletztheit des Dichters äußert. Berücksichtigen Sie dabei auch die sprachlich-stilistischen Mittel.

4 Zeigen Sie, welches Bild der Dichter hier von sich selbst entwirft, und belegen Sie Ihre Aussage anhand lateinischer Textzitate.

5 Vergleichen Sie die Elegie mit Text 7 und nehmen Sie Stellung.

6 Vergleichen Sie die »Nachdichtung« (Ende 19. Jh.) mit dem Original und bewerten Sie sie.

## Aus

Konnt' es nicht länger ertragen;
Frei bin ich, endlich frei,
Habe die Ketten zerschlagen,
Brach auch die Liebe entzwei.

Liebe, war ich dein Sklave,
Setz' ich den Fuß auf dich!
Bin erwacht aus dem Schlafe,
Meine Verblendung wich.

O es war eine Schande,
Wie ich so manche Nacht
Lag auf dem Schwellenrande
Deiner Thür auf der Wacht.

Thüre blieb mir verschlossen;
War Besuch im Haus.
Sah ihn wohl verdrossen
Müde schleichen hinaus.

Sah ihn, aber schlimmer!
Mich auch sah der Galan.
O du Frauenzimmer,
Sage, was hast du gethan?

Darum dies Augenverdrehen
Wenn wir saßen beim Mahl?
Darum dies Flüstern und Spähen,
Ob ich von dannen mich stahl?

Darum das Brieflein, das kecke:
»Komme nicht! – Krankheit – der Grund!«
Ich komme doch und erschrecke –
Ei, bist für jenen gesund! […]

Und voller Gleichmut sehen
Meine Augen heut,
Wie die Winde hinwehen
Über das alte Leid.

*(Fritz Herz: Ovids Liebesbüchlein. Ein Cyklus altrömischen Lebens in modernem Gewande. Halle a. d. S. ca. 1891)*

## 9. Nicht mir dir und nicht ohne dich (*am.* 3,11b)

1 Luctantur pectusque leve in contraria tendunt
    hac amor hac odium, sed, puto, vincit amor.
3 [Odero, si potero; si non, invitus amabo.
    nec iuga taurus amat; quae tamen odit, habet.]
5 Nequitiam fugio – fugientem forma reducit;
    aversor morum crimina – corpus amo.
7 Sic ego nec sine te nec tecum vivere possum,
    et videor voti nescius esse mei.

9 Aut formosa fores minus, aut minus improba, vellem;
    non facit ad mores tam bona forma malos.
11 Facta merent odium, facies exorat amorem –
    me miserum, vitiis plus valet illa suis!
13 Parce, per o lecti socialia iura, per omnīs
    qui dant fallendos se tibi saepe deos,
15 perque tuam faciem, magni mihi numinis instar,
    perque tuos oculos, qui rapuere meos!

17 Quidquid eris, mea semper eris; tu selige tantum,
    me quoque velle velis, anne coactus amem!

*luctārī: ringen, kämpfen*
*in contrāria: in entgegengesetzte Richtungen*
*tendere: hier: reißen*
*hāc … hāc: hier … da*
*nēquitia: Nichtsnutzigkeit, Schlechtigkeit*
*āversārī: verabscheuen*

*vōtī nescius meī: nicht wissend, was ich mir wünsche*
*forēs = essēs*

*facere ad: passen zu*
*exōrāre: erflehen*

*parce: erg. mihi*
*per + Akk.: hier: bei*
*ō: o!, ach!*
*lectī sociālia iūra: Gemeinschaft des Bettes*
*dant fallendōs sē tibi: sie lassen sich von dir täuschen*
*īnstar (undekl.) alicuius: jmd. gleichkommend*
*rapuēre = rapuērunt*
*sēligere: (aus)wählen*
*mē …velīs … anne … amem: Stellen Sie um: mēne … velīs an … amem*

---

1 a) Schreiben Sie aus dem Text die jeweiligen Gegensatzpaare heraus und tragen Sie sie in eine Liste ein. b) Analysieren Sie die Funktion dieser Gegensätze.

2 Nennen Sie die Gründe für die Zerrissenheit des Dichters. Zitieren Sie lateinisch.

3 Zeigen Sie, wie der Dichter seinen Konflikt zu lösen versucht.

4 Vergleichen Sie mit Text 8 und nehmen Sie Stellung.

5 Vergleichen Sie Ovids Elegie mit dem Epigramm Catulls (carm. 85) und benennen Sie die Parallelen und Unterschiede.

### Catull, carm. 85

Odi et amo. Quare id faciam, fortasse requiris.
    Nescio. Sed fieri sentio et excrucior.

*fortásse Adv.: vielleicht*
*excruciāre: foltern, quälen*

6 Zum Regierungsprogramm des Kaisers Augustus gehörten strenge Sitten- und Ehegesetze (Ehebruch war z. B. strafbar). Mit ihnen wollte er die laxe öffentliche Moral
verbessern und den alten Römertugenden wieder Geltung verschaffen.
a) Stellen Sie aus den Texten 1–9 Äußerungen Ovids zusammen, die dem auf Zucht
und Ordnung bedachten Kaiser missfallen haben müssen. b) Informieren Sie sich über
das alltägliche Leben in Rom zur frühen Kaiserzeit und beurteilen Sie, ob die von Ovid
geschilderte Lebensweise der Normalität entsprach.

## Ovids Liebeselegien

Der Begriff »Elegie« (Klagelied) ist etwas irreführend, da er bei Ovid nicht den Inhalt,
sondern nur die Gattung von Gedichten bezeichnet, die in einem bestimmten Versmaß, dem sogenannten »elegischen« Distichon, abgefasst sind (vgl. S. 41). In den *Amores*
schlüpft Ovid in die Rolle eines leidenschaftlichen Liebhabers, der sich verschiedenen
Situationen ausgesetzt sieht. Dabei hat eine Elegie meist nur ein Thema, das den Ge-
setzen der Rhetorik folgend eher logisch als assoziativ entwickelt wird. Das »lyrisch-el-
egische« Ich, das hier von seinen subjektiven Erfahrungen spricht, darf jedoch nicht mit
dem realen Ich des Dichters gleichgesetzt werden.
Die Liebe, die hier besungen wird, ist stets die zwischen einem (jungen) Römer aus
gutem Hause und einer Libertine (Freigelassenen), d. h. einer Dame von zweifelhaftem
Ruf, die oft bereits mit einem anderen Mann liiert ist. Der elegische Liebhaber verwei-
gert sich den römischen Normen, nach denen ein Mann der Oberschicht für eine poli-
tische oder militärische Karriere bestimmt ist, und hält die Liebe für eine vollgültige
Lebensform (*militia amoris*).
Sein engagiertes Werben um die *puella*, mit der er ein Leben lang verbunden sein
möchte (*foedus aeternum*), bezeichnet er selbst als *servitium amoris*, das mit vielen Widrig-
keiten in Form häufig wiederkehrender Motive verbunden ist. Zu diesen Topoi (Sg.
Topos) gehören etwa die *puella/domina dura*, der *exclusus amator* und die Auseinander-
setzung mit dem Rivalen.

# 10. Paris' Brief an Helena (*Her.* 16)

*Der trojanische Prinz Paris ist Gast am Hofe des Menelaus, des Königs von Sparta, und dessen Ehefrau Helena.*

## Teil 1: Reisegründe

1  Hanc tibi Priamides mitto, Ledaea, salutem,
    quae tribui sola te mihi dante potest.
3  Eloquar, an flammae non est opus indice notae,
    et plus, quam vellem, iam meus exstat amor? [...]
9  Si tamen exspectas, vocem quoque rebus ut addam –
    uror! Habes animi nuntia verba mei.
11 Parce, precor, fasso, nec vultu cetera duro
    perlege, sed formae conveniente tuae.
13 Iamdudum gratum est, quod epistula nostra recepta
    spem facit hoc recipi me quoque posse modo. [...]
17 Namque ego divino monitu – ne nescia pecces –
    advehor, et coepto non leve numen adest.

19 Praemia magna quidem, sed non indebita, posco;
    pollicita est thalamo te Cytherea meo.
21 Hac duce Sigeo dubias a litore feci
    longa Pherclea per freta puppe vias. [...]
27 Attulimus flammas, non hic invenimus, illas.
    Hae mihi tam longae causa fuere viae,
29 nam neque tristis hiems neque nos huc appulit error;
    Taenaris est classi terra petita meae. [...]

35 Te peto, quam pepigit lecto Venus aurea nostro;
    te prius optavi, quam mihi nota fores. [...]

**Glossar:**

- salūtem mittere: Heil wünschen
- tribuī: zuteil werden
- ēloquī: aussprechen
- flamma: *hier*: Liebesglut
- index, icis *m.* + *Gen.*: Hinweis auf
- exstāre, – , –: sich zeigen
- nūntius + *Gen.*: etw. verkündend
- fassō: *Dativ des PPA von* fatērī
- perlege: *erg.* epistulam
- perlegere: durchlesen
- iamdūdum *Adv.*: schon
- quod: *faktisch:* dass
- monitus, ūs *m.*: Geheiß
- nescius: ahnungslos
- peccāre: sündigen
- advehi: ankommen, landen
- coeptum: Vorhaben
- indēbitus: unverdient
- thalamus: Schlafgemach
- dubius: *hier*: gefährlich
- freta, ōrum *n. Pl.*: Meer
- puppis, is *f.*: Heck; Schiff
- flammae: *hier*: Flammen der Leidenschaft
- hīc *Adv.*: hier
- fuēre = fuērunt
- trīstis, e: *hier*: schaurig
- hiems, hiemis *f.*: *hier*: Wintersturm
- hūc *Adv.*: hierher
- appellere, pulī, pulsum: (an Land) antreiben
- classī ... meae ≈ ā classe ... meā
- pangere, pepigī: bestimmen
- aureus: golden
- forēs = essēs

---

**1** Beschreiben Sie die Funktion von V. 1–10. Nennen Sie die Kernbotschaft und zitieren Sie den lateinischen Schlüsselbegriff.

**2** Erläutern Sie die Befürchtung, die sich hinter Paris' Aufforderung V. 11f. verbirgt.

**3** Zitieren Sie die Gründe, mit denen Paris sein Kommen nach Sparta rechtfertigt, und erklären Sie die damit verbundene Absicht.

*Im Folgenden berichtet Paris, dass ihm der Götterbote Hermes (Merkur) und die Göttinnen Hera (Juno), Pallas Athene (Minerva) und Aphrodite (Venus) erschienen seien und und er von Hermes folgenden Auftrag erhalten habe:*

69 »Arbiter es formae; certamina siste dearum;
  vincere quae forma digna sit una duas!« […]

75 Vincere erant omnes dignae iudexque querebar
  non omnes causam posse tenere suam. […]
79 Tantaque vincendi cura est; ingentibus ardent
  iudicium donis sollicitare meum.
81 Regna Iovis coniu(n)x, virtutem filia iactat;
  ipse potens dubito, fortis an esse velim.

83 Dulce Venus risit; »Nec te, Pari, munera tangant
  utraque suspensi plena timoris!« ait;
85 »Nos dabimus, quod ames, et pulchrae filia Ledae
  ibit in amplexus pulchrior illa tuos!«
87 Dixit, et ex aequo donis formaque probatis
  victorem caelo rettulit illa pedem.

arbiter, trī *m.*: Schiedsrichter
sistere: *hier*: beenden
vincere … duās: entscheide,
welche Göttin würdig ist, die
beiden anderen an Schönheit
zu übertreffen
causam tenēre: zu ihrem
Recht kommen
cūra: *hier*: Wunsch
ārdēre, ārsī, ārsum: brennen
sollicitāre: *hier*: beeinflussen
iactāre: *hier*: anbieten
ipse … velim: *Stellen Sie um*:
ipse dubitō, potēns an fortis
esse velim
dulce: *hier*: *Adv.*
Pari: *Vok. zu* Paris
suspēnsus: ungewiss
amplexus, ūs *m.*: Umarmung
dōnīs … probātīs: mit ihrem
Geschenk und ihrer Schönheit
gleichermaßen anerkannt
victor, ōris: *hier*: *Adj.*
caelō ≈ in caelum

1 Zitieren Sie lateinisch die Angebote, die die Göttinnen Paris machen, und erklären Sie, wie sie zu den Göttinnen passen.

2 Beschreiben Sie, wie Paris und Venus auf die ersten beiden Angebote reagieren.

3 Erklären Sie Paris' Entscheidung und überlegen Sie, wie Sie und mit welchen Gründen entschieden hätten.

4 Beschreiben Sie das Bild und vergleichen Sie es mit dem lateinischen Text.

*Girolamo di Benuvenuto die Giovanni del Guasta (1470 – 1524): Das Urteil des Paris*

# Teil 2: Die erste Begegnung und ihre Folgen

*Paris erzählt, dass er nach der Begegnung mit den Göttinnen die Warnungen seiner Eltern und inbesondere seiner Schwester Kassandra, die das Schlimmste befürchtete, missachtet und sich auf den Weg nach Sparta gemacht hat.*

| | |
|---|---|
| 129 Excipit hospitio vir me tuus – hoc quoque factum<br>    non sine consilio numinibusque deum! | hospitium: Gastfreundschaft<br>factum: *erg.* est<br>deūm = deōrum |
| 131 Ille quidem ostendit, quidquid Lacedaemone tota<br>    ostendi dignum conspicuumque fuit; | cōnspicuus: sichtbar, auffallend,<br>herausragend |
| 133 sed mihi laudatam cupienti cernere formam<br>    lumina nil aliud, quo caperentur, erat. | cernere: *hier:* sehen, betrachten<br>lūmina: *gehört in den Relativsatz*<br>lūmen, inis *n.*: Licht; Auge<br>erat: *Vollverb* |
| 135 Ut vidi, obstipui praecordiaque intima sensi<br>    attonitus curis intumuisse novis. [...] | vīdī: *erg.* tē<br>obstupēscere, stipuī: erstarren<br>praecordia, ōrum *n. Pl.*: Brust, Herz<br>attonitus: wie vom Donner<br>gerührt, erschüttert<br>cūra: *hier:* Liebesqual<br>intumēscere, tumuī: anschwellen |
| 141 Magna quidem de te rumor praeconia fecit,<br>    nullaque de facie nescia terra tua est; [...] | māgna ... fēcit: großartig hat dich<br>das Gerücht gepriesen<br>nescius: unwissend, nicht wissend |
| 145 Crede sed hoc nobis! – Minor est tua gloria vero,<br>    famaque de forma paene maligna tua est; | minor, ōris: zu klein<br>malīgnus: zu schwach |
| 147 Plus hic invenio, quam quod promiserat illa,<br>    et tua materia gloria victa sua est. [...] | illa = Venus<br>māteria: *hier:* Ursache |
| 163 Da modo te, quae sit Paridis constantia, nosces;<br>    flamma rogi flammas finiet una meas. | cōnstantia: Standhaftigkeit,<br>Beständigkeit<br>rogus: Scheiterhaufen<br>fīnīre: beenden |
| 165 Praeposui regnis ego te, quae maxima quondam<br>    pollicita est nobis nupta sororque Iovis; | praepōnere, posuī, positum:<br>vorziehen<br>nūpta: Ehefrau |
| 167 dumque tuo possem circumdare bracchia collo,<br>    contempta est virtus Pallade dante mihi. | dum ... possem: wenn ich nur ...<br>konnte<br>circumdare, dedī, datum:<br>herumlegen |
| 169 Nec piget, aut umquam stulte legisse videbor;<br>    permanet in voto mens mea firma suo. [...] | piget (mē): es reut (mich)<br>umquam *Adv.*: je(mals)<br>legere: *hier:* wählen<br>vidēbor ≈ putābō |

173 Non ego coniugium generosae degener opto,
   nec mea, crede mihi, turpiter uxor eris. [...]
177 Regna parens Asiae, qua nulla beatior ora est,
   finibus immensis vix obeunda, tenet.

coniugium: Ehe
generōsus: aus vornehmer Familie
dēgener, eris: unwürdig
ōra: *hier:* Gebiet, Land
immēnsus: unermesslich (groß)
fīnibus immēnsīs: *Abl. caus.*
obīre, eō: *hier:* durchwandern

179 Innumeras urbes atque aurea tecta videbis,
   quaeque suos dicas templa decere deos. [...]

innumerus: unzählig, zahllos
quaeque ... deōs: und von den
Tempeln wirst du sagen, sie seien
der Götter würdig

187 O quotiens dices: »Quam pauper Achaia nostra est!«
   Una domus quaevis urbis habebit opes.
189 Nec mihi fas fuerit Sparten contemnere vestram;
   in qua tu nata es, terra beata mihi est.
191 Parca sed est Sparte, tu cultu divite digna;
   ad talem formam non facit iste locus.
193 Hanc faciem largis sine fine paratibus uti
   deliciisque decet luxuriare novis.

quīvīs, quaevīs, quodvīs, *Gen.*
cuiusvīs: jeder beliebiger
nec mihi fās fuerit: es soll nicht
meine Bestimmung sein
Spartēn = Spartam
cultus, ūs *m.:* Pflege, Lebensart
facere ad: passen zu
largus: *hier:* prächtig
parātus, ūs *m.:* Kleid(ung)
dēliciae, ārum *f. Pl.:* Vergnügen,
Genuss
luxuriāre + *Abl.:* schwelgen in

1 a) Erläutern Sie, wie Paris hier seine Aufnahme durch Menelaos deutet.
   b) Beurteilen Sie seine Interpretation.

2 Beschreiben Sie die Reaktionen des Paris auf Helena.

3 Erklären Sie, wie und warum Paris noch einmal auf die Szene mit den Göttinnen zurückkommt.

4 Formulieren Sie eine Überschrift für den Abschnitt V. 173–194.

5 Vergleichen Sie die Beschreibung Trojas mit der von Sparta und geben Sie die Absicht an, die mit dieser Gegenüberstellung verbunden ist.

6 Fassen Sie Paris' Argumente zusammen und beurteilen Sie diese.
   Verfassen Sie für Helena einen kurzen Antwortbrief zu diesen Argumenten.

# Teil 3: Eifersucht

205 Nec, puto, collatis forma Menelaus et annis
   iudice te nobis anteferendus erit. [...]

215 Heu facinus! Totis indignus noctibus ille
   te tenet, amplexu perfruiturque tuo;

217 at mihi conspiceris posita vix denique mensa,
   multaque, quae laedant, hoc quoque tempus habet. [...]

221 Paenitet hospitii, cum me spectante lacertos
   imponit collo rusticus iste tuo.

223 Rumpor et invidia – quid enim non omnia narrem? –
   membra superiecta cum tua veste fovet.

225 Oscula cum vero coram non dura daretis,
   ante oculos posui pocula sumpta meos; [...]

229 Saepe dedi gemitus; et te – lasciva! – notavi
   in gemitu risum non tenuisse meo.

231 Saepe mero volui flammam compescere, at illa
   crevit, et ebrietas ignis in igne fuit. [...]

235 Quid faciam, dubito; dolor est meus illa videre,
   sed dolor a facie maior abesse tua.

237 Qua licet et possum, luctor celare furorem;
   sed tamen apparet dissimulatus amor. [...]

271 Nunc mihi nil superest nisi te, formosa, precari,
   amplectique tuos, si patiare, pedes.

273 O decus, o praesens geminorum gloria fratrum,
   o Iove digna viro, ni Iove nata fores,

275 aut ego Sigeos repetam te coniuge portus,
   aut hic Taenaria contegar exul humo! [...]

281 Parce datum fatis, Helene, contemnere amorem –
   sic habeas faciles in tua vota deos!

anteferre, ferō: vorziehen
heu!: ach, wehe!
facinus: *hier*: Schande
perfruī + *Abl.*: etw. genießen
mihi ≈ ā mē
cōnspicere: *hier*: anstarren
mēnsa: Tisch
paenitet (mē) + *Gen.*: etw. reut/
ärgert mich
rūsticus: Bauer

et = etiam
quid?: warum?
membrum: Glied
superiectum: *PPP von* superiacere:
(dar)überwerfen
fovēre, fōvī, fōtum: wärmen
cōram *Adv.*: öffentlich
nōn dūrus: zärtlich

gemitus, ūs *m.*: Seufzen, Stöhnen
lascīvus: zügellos
notāre: bemerken
rīsus, ūs *m.*: Lachen

compēscere: löschen
ēbrietās, tātis *f.*: Trunkenheit,
Rausch

quā licet: soweit es möglich ist
cēlāre: verbergen, verheimlichen
dissimulāre: verheimlichen

amplectī, plexus sum: umarmen,
umfassen
patiāre = patiāris
decus, oris *n.*: Zierde
praesēns, ntis: *hier*: leibhaftig
geminus: Zwilling; *mit den
Zwillingen sind Helenas Brüder Kastor
und Pollux gemeint*
forēs = essēs
repetere: *hier*: wieder aufsuchen
contegere, tēxī, tēctum: bedecken
exul, exulis: verbannt

parce ≈ nōlī
Helenē = Helena
facilis, e in aliquid: einer Sache
gewogen

283 Multa quidem subeunt; sed coram ut plura loquamur,
    excipe me lecto nocte silente tuo!

subīre: *hier*: in den Sinn kommen
cōram *Adv.*: unter vier Augen
lectō = in lectō

1 Schreiben Sie aus dem Text die lateinischen Wörter und Wendungen zum Sachfeld »Gefühle« heraus und erstellen Sie eine Mindmap.

2 a) Beschreiben Sie, wie Paris hier Menelaus darstellt, und erläutern Sie die damit verbundene Absicht.
b) Vergleichen Sie unter diesem Gesichtspunkt die Argumentation des Paris in Teil 3.

3 a) Stellen Sie die Belege zusammen, die Paris' Eifersucht anzeigen.
b) Halten Sie seine Eifersucht für berechtigt? Begründen Sie Ihre Meinung.

4 a) Beschreiben und deuten Sie das Verhalten Helenas beim Gastmahl.
b) Vergleichen Sie die hier beschriebene Gastmahlszene mit Text 4 (S. 10) und beurteilen Sie, ob Helena die dort gegebenen Empfehlungen befolgt.

5 Sammeln Sie die sprachlich-stilistischen Mittel, mit denen Paris seine starken Gefühle zum Ausdruck bringt.

6 Interpretieren Sie die Wendung *datum fatīs ... amōrem* (V. 281).

7 Kommentieren Sie V. 283f.

8 a) Beurteilen Sie die Art und Weise, wie Ovid Paris hier argumentieren lässt.
b) Nehmen Sie aus Sicht der augusteischen Ehegesetze Stellung zu dieser Textstelle (vgl. Aufgabe 5 zu Text 4).

## Teil 4: Keine falsche Scham!

285 An pudet et metuis Venerem temerare maritam
    castaque legitimi fallere iura tori? […]

Venerem … marītam ≈ amōrem … marītum
marītus: *hier*: ehelich
temerāre: entehren, entweihen
castus: keusch
lēgitimus: gesetz-, rechtmäßig

299 Ipse tibi hoc suadet rebus, non voce, maritus,
    neve sui furtis hospitis obstet, abest. […]

nēve + *Konj.*: damit nicht
fūrtum: *hier*: Betrügerei
obstāre: im Wege stehen

303 »Res, et ut Idaei mando tibi,« dixit iturus,
    »curam pro nobis hospitis, uxor, agas.«

Rēs … agās: *Stellen Sie um*: Rēs tibi mandō et ut cūram Îdaeī hospitis agās
itūrus = abitūrus

305 Neglegis absentis, testor, mandata mariti!
    Cura tibi non est hospitis ulla tui.
307 Huncine tu speras, hominem sine pectore, dotes
    posse satis formae, Tyndari, nosse tuae?

testārī: bezeugen
mandātum: Auftrag, Anweisung
huncine: *verstärktes* hunc; *gemeint ist* Menelaus
pectus, oris *n.*: *hier*: Herz
dōs, dōtis *f.*: Gabe
satis *Adv.*: genug, genügend
Tyndari: *Vok. zu* Tyndaris, idis *f.*
nōsse = nōvisse

309 Falleris – ignorat; nec, si bona magna putaret,
    quae tenet, externo crederet illa viro.
311 Ut te nec mea vox nec te meus incitet ardor,
    cogimur ipsius commoditate frui –
313 aut erimus stulti sic, ut superemus et ipsum,
    si tam securum tempus abibit iners.
315 Paene suis ad te manibus deducit amantem;
    utere mandantis simplicitate viri!
317 Sola iaces viduo tam longa nocte cubili;
    in viduo iaceo solus et ipse toro.
319 Te mihi meque tibi communia gaudia iungant;
    candidior medio nox erit illa die.

bonum: Gut
māgna putāre: hochschätzen
externus: aus dem Ausland
ut + *Konj.*: gesetzt den Fall, dass
ardor, ōris *m.*: Leidenschaft
ipsīus = marītī
commoditās, tātis *f.*: Gefälligkeit, Zuvorkommenheit
fruī: *hier*: nutzen
superēmus: *nämlich an Dummheit*
iners, rtis: träge, untätig
dēdūcere: *hier*: zuführen
simplicitās, tātis *f.*: Einfältigkeit, Unbedarftheit
viduus: verwaist
cubīle, is *n.*: Lager(stätte)
candidus: strahlend, schneeweiß
tunc *Adv.*: dann; damals

321 Tunc ego iurabo quaevis tibi numina meque
    adstringam verbis in sacra vestra meis;
323 tunc ego, si non est fallax fiducia nostri,
    efficiam praesens, ut mea regna petas.

quaevīs tibi nūmina: bei allem, was dir heilig ist
astringere: verpflichten
fallāx, ācis: trügerisch
fidūcia: Vertrauen
nostrī: *Gen. von* nōs

<table>
<tr><td>325</td><td>Si pudet et metuis, ne me videare secuta,</td><td>videāre = videāris</td></tr>
<tr><td></td><td>ipse reus sine te criminis huius ero;</td><td></td></tr>
<tr><td>327</td><td>nam sequar Aegidae factum fratrumque tuorum.</td><td>frātrēs: *Helenas Brüder Kastor und Pollux*</td></tr>
<tr><td></td><td>Exemplo tangi non propiore potes. […]</td><td>*hatten zwei (verheiratete) Frauen entführt*</td></tr>
<tr><td>331</td><td>Troica classis adest armis instructa virisque;</td><td></td></tr>
<tr><td></td><td>iam facient celeres remus et aura vias.</td><td>rēmus: Ruder</td></tr>
<tr><td>333</td><td>Ibis Dardanias ingens regina per urbes,</td><td>aura: Luft, Wind</td></tr>
<tr><td></td><td>teque novam credet vulgus adesse deam.</td><td>rēgīna: Königin</td></tr>
</table>

1 Nennen Sie die Argumente, mit denen Paris versucht, Helena für sich zu gewinnen. Notieren Sie Stichpunkte auf Deutsch.

2 a) Untersuchen Sie, wie Paris Menelaus' Verhalten bei dessen Abreise deutet und was er damit bezwecken will.
b) Nehmen Sie Stellung zu seiner Interpretation.

3 a) Zeigen Sie, wie Paris hier Helenas Ehemann darstellt. Zitieren Sie lateinisch.
b) Erörtern Sie, wie Helena auf diese Äußerungen über ihren Mann reagiert haben könnte, und schreiben Sie eine kurze Antwort.

4 a) Paris hat sich offensichtlich in Helenas Lage versetzt und überlegt, welche Einwände sie gegen sein Werben vorbringen und welche Befürchtungen sie haben könnte. Nennen Sie diese Einwände und Befürchtungen.
b) Erörtern Sie, ob seine Ausführungen dazu geeignet sind, Helena zu überzeugen.

5 Nennen Sie Paris' Charakterzüge, die in dieser Passage zum Ausdruck kommen, und nehmen Sie Stellung. Finden Sie ihn sympathisch?

6 Charakterisieren Sie den Ton, dessen sich Paris in diesem Briefabschnitt bedient.

# Teil 5: Nur keine Angst!

341 Nec tu rapta time, ne nos fera bella sequantur,
      concitet et vires Graecia magna suas.
343 Tot prius abductis ecqua est repetita per arma?
      Crede mihi, vanos res habet ista metus.

Nec ... timē ≈ Nē ... timueris
concitāre: herbei-, zusammenrufen
abductus: *PPP zu* abdūcere:
entführen
ecqua?: *etwa irgendeine?*
repetere: *hier:* zurückfordern
vānus: leer, nichtig

*Paris nennt einige Beispiele von Entführungen, bei denen es zu keinen gewaltsamen
Rückholaktionen gekommen ist, darunter auch die folgende:*

349 Te quoque qui rapuit, rapuit Minoida Theseus;
      nulla tamen Minos Cretas ad arma vocat. […]

Mīnōida: *Akk. zu* Mīnōis, idis *f.*
Crētas: *Akk. Pl. von* Crēs, Crētis *m.:*
Kreter

353 Finge tamen, si vis, ingens consurgere bellum –
      et mihi sunt vires, et mea tela nocent.
355 Nec minor est Asiae quam vestrae copia terrae;
      illa viris dives, dives abundat equis.
357 Nec plus Atrides animi Menelaus habebit
      quam Paris aut armis anteferendus erit. […]

fingere: *hier:* sich vorstellen
cōnsurgere, surrēxī, surrēctum: sich
erheben
cōpia: *hier:* Mittel *(im Deutschen Pl.)*
abundāre + *Abl.:* Überfluss haben
an
aut armīs anteferendus est:
noch wird er im Kampf höher
eingeschätzt werden dürfen

369 Quid valeam, nescis, et te mea robora fallunt;
      ignoras, cui sis nupta futura viro.

valēre: *hier:* vermögen
rōbur, oris *n.:* Kraft
nūbere, nūpsī, nūptum + *Dat.:*
(einen Mann) heiraten

371 Aut igitur nullo belli repetere tumultu,
      aut cedent Marti Dorica castra meo.
373 Nec tamen indigner pro tanta sumere ferrum
      coniuge. Certamen praemia magna movent.

repetēre = repetēris
Mārs, Mārtis *m.: hier:* Kriegsglück
indīgnārī: für unwürdig/empörend
halten
movēre + *Akk.: hier:* herausfordern
zu

375 Tu quoque, si de te totus contenderit orbis,
      nomen ab aeterna posteritate feres
377 spe modo, non timida dis hinc egressa secundis;
      exige cum plena munera pacta fide.

nōmen ab aeterna posteritāte ferre:
für ewige Zeiten Ruhm erwerben
ēgressa: *konditionaler Sinn*
ēgredī: *hier:* fortgehen
timidus: furchtsam
dīs ... secundīs: mit der Gunst der
Götter
hinc *Adv.:* von hier
exigere, ēgī, āctum: ausführen,
vollenden

1 Nennen Sie Helenas (vermutete) Befürchtungen und zeigen Sie, mit welchen Argumenten Paris diese zu beschwichtigen versucht. Zitieren Sie lateinisch.

2 Hat Paris mit seiner Einschätzung »vānōs … metūs« (V. 344) recht? Begründen Sie Ihre Antwort.

3 Charakterisieren und bewerten Sie Paris' Selbstdarstellung.

4 Erklären Sie, welche Verpflichtungen in V. 378 gemeint sind.

5 Der Brief schließt mit V. 378. Kommentieren Sie dieses Ende.

*Zu den Teilen 1–5*

1 Erläutern Sie die Absicht des Briefes und zeigen Sie, wie Paris vorgeht, um sein Ziel zu erreichen.

2 Begründen Sie, ob Sie Paris' Vorgehensweise für erfolgversprechend halten oder nicht.

3 Charakterisieren Sie den »Typ« Paris in der Darstellung des Ovid.

4 Versetzen Sie sich in Helena. Beim Wasserholen – Menelaus ist ja außer Haus – begegnet Ihnen Paris am Brunnen. Sie sprechen ihn auf seinen Brief an und äußern Ihre Meinung.

5 Nehmen Sie zu folgender These Stellung: »Das Bild, das Ovid uns hier von Paris und seiner Denk- und Handlungsweise vermittelt, findet zahlreiche Parallelen in den Amores: Man muss mit allen Tricks arbeiten, um zum Ziel zu kommen.«

6 N. Holzberg attestiert Ovid einen »aufgeklärten Humanismus und eine erstaunliche Sensibilität für die Psyche der Frau«. Informieren Sie sich über die Heroides und nehmen Sie Stellung zu dieser These.

## Die Heroides

Dabei handelt es sich um eine Sammlung von fiktiven – im elegischen Distichon verfassten – 15 Einzelbriefen, die Frauengestalten aus dem griechischen Mythos an ihre fernen Männer oder Geliebten richten, sowie um drei Briefpaare zwischen getrennten Liebenden, bei denen jeweils der Mann zuerst schreibt. Es sind Elegien in Briefform, eine Gattung, deren Erfindung Ovid – wohl nicht ganz zu Recht – für sich beansprucht. Neu ist allerdings die betont weibliche Perspektive.

Die Intention der *Heroides* ist in der Forschung umstritten: Während manche die Briefe als rhetorische Übung in Versform abqualifizieren, betrachten andere sie als eine Parodie auf die Liebeselegie (zahlreiche Motive aus den *Amores* und der *Ars amatoria* werden wieder aufgegriffen, teils in verfremdeter Form) oder als einen geistreichen Umgang mit der mythologischen und literarischen Tradition und den Erwartungen des Publikums. Manchmal wird auch Ovids Humanismus und sein erstaunliches Einfühlvermögen in die weibliche Psyche hervorgehoben.

## 11. Helenas Antwort (*Her.* 17)

### Teil 1: Zwischen Empörung und Zweifel

1 Nunc oculos tua cum violarit epistula nostros,
   non rescribendi gloria visa levis.

violārit = violāverit
rescrībere: zurückschreiben, antworten

3 Ausus es hospitii temeratis advena sacris
   legitimam nuptae sollicitare fidem!

temerāre: entehren, entweihen
advena, ae *m.*: Fremder
sacrum: *hier*: heilige Rechte
lēgitimus: ehelich
sollicitāre: *hier*: erschüttern

5 Scilicet idcirco ventosa per aequora vectum
   excepit portu Taenaris ora suo,
7 nec tibi, diversa quamvis e gente venires,
   oppositas habuit regia nostra fores,
9 esset ut officii merces iniuria tanti!
   Qui sic intrabas, hospes an hostis eras?

idcircō *Adv.*: deshalb
ventōsus: stürmisch
aequor, oris *n.*: Meer(esfläche)
portū = in portū
quamvīs + *Konj.*: obwohl
rēgia: Königsburg, -palast
oppositus: verschlossen
officium: *hier*: Gefälligkeit, Freundlichkeit
mercēs, cēdis *f.*: Lohn, Preis
intrāre: eintreten

11 Nec dubito, quin haec, cum sit tam iusta, vocetur
    rustica iudicio nostra querela tuo.
13 Rustica sim sane, dum non oblita pudoris,
    dumque tenor vitae sit sine labe meae. [...]

rūsticus: bäurisch
querēla: Klage
sanē *Adv.*: *hier*: meinetwegen
tenor, ōris *m.*: Lauf
lābēs, is *f.*: Makel

17 Fama tamen clara est, et adhuc sine crimine vixi,
    et laudem de me nullus adulter habet.

adhūc: *Adv.*: bis jetzt, noch
laudem habēre dē aliquō: sich in Bezug auf jmd. Ruhm erwerben
adulter, ī *m.*: Ehebrecher
coeptum: Vorhaben

19 Quo magis admiror, quae sit fiducia coepti,
    spemque tori dederit quae tibi causa mei. [...]
35 Nec tamen irascor – quis enim suscenset amanti? –
    si modo, quem praefers, non simulatur amor.

īrāscī, īrātus sum: zürnen, zornig/wütend sein
suscēnsēre + *Dat.*: zornig sein auf
praeferre, ferō, tulī, lātum: zeigen

37 Hoc quoque enim dubito – non quod fiducia desit,
    aut mea sit facies non bene nota mihi;
39 Sed quia credulitas damno solet esse puellis,
    verbaque dicuntur vestra carere fide. [...]

crēdulitās, tātis *f.*: Leichtgläubigkeit

51 Sed genus et proavos et regia nomina iactas.
    Clara satis domus haec nobilitate sua est. [...]
61 Sceptra tuae quamvis rear esse potentia terrae,
    non tamen haec illis esse minora puto.
63 Si iam divitiis locus hic numeroque virorum
    vincitur, at certe barbara terra tua est.

iactāre + *Akk.*: *hier*: sich mit etw. brüsten
proavus: Vorfahr
scēptrum: Zepter; Reich

barbarus: barbarisch

65 Munera tanta quidem promittit epistula dives,
    ut possint ipsas illa movere deas;
67 Sed si iam vellem fines transire pudoris,
    tu melior culpae causa futurus eras.
69 Aut ego perpetuo famam sine labe tenebo,
    aut ego te potius quam tua dona sequar;
71 Utque ea non sperno, sic acceptissima semper
    munera sunt, auctor quae pretiosa facit.

73 Plus multo est, quod amas, quod sum tibi causa laboris,
    quod per tam longas spes tua venit aquas.

dīves, vitis: *hier:* wortreich

culpae: um schuldig zu werden
erās ≈ essēs
lābēs: *s.* V. 14
potius *Adv.*: eher, lieber
ut … sīc: zwar … aber
spernere, sprēvī, sprētum: verachten
acceptus: willkommen
auctor, ōris *m.: hier:* der Schenkende
pretiōsus: kostbar, wertvoll

1 Der Text lässt sich in fünf Abschnitte untergliedern: a) V. 1–12; b) V. 13–20; c) V. 35–40; d) V. 51–68; e) V. 69–74. Fassen Sie den Inhalt der einzelnen Abschnitte in jeweils einem Satz zusammen.

2 Belegen Sie anhand von Textzitaten, welchen Gefühlen Helena in dieser Passage Ausdruck gibt.

3 a) Paris hatte in seinem Brief sein Werben um Helena mit verschiedenen Argumenten gestützt. Auf welche Punkte geht Helena ein? Notieren Sie die entsprechenden Stellen in beiden Briefen.
b) Analysieren Sie, wie Helena auf Paris' Argumente eingeht.

4 Wenn Paris den Brief nur bis hierhin gelesen hätte, wie würde er seine Erfolgsaussichten einschätzen? Begründen Sie Ihre Meinung.

5 Zu V. 1f.: Vergleichen und kommentieren Sie die Übersetzungen:

## Übersetzungen

Da jedoch nunmehr dein Brief mir so gröblich beleidigt' die Augen, wär' es ein billiger Ruhm, wenn ich nicht antworten wollt'.
*(Übers. V. v. Marnitz)*

Obwohl dein Brief mein Auge beleidigt hat, scheint es mir ein allzu billiger Triumph, nicht zu antworten.
*(Übers. D. Hoffmann / Ch. Schliebitz / H. Stocker)*

Now that my eyes have been troubled by your letter,
I take pride in not replying lightly.
*(Übers. A. S. Kline)*

## Teil 2: Zu spät

77 Illa quoque, apposita quae nunc facis, improbe, mensa,
    quamvis experiar dissimulare, noto –
79 cum modo me spectas oculis, lascive, protervis,
    quos vix instantes lumina nostra ferunt,
81 et modo suspiras, modo pocula proxima nobis
    sumis, quaque bibi, tu quoque parte bibis.

83 A, quotiens digitis, quotiens ego tecta notavi
    signa supercilio paene loquente dari!
85 Et saepe extimui, ne vir meus illa videret,
    non satis occultis erubuique notis! […]
89 Orbe quoque in mensae legi sub nomine nostro,
    quod deducta mero littera fecit, AMO. […]
93 His ego blanditiis, si peccatura fuissem,
    flecterer; his poterant pectora nostra capi.

95 Est quoque, confiteor, facies tibi rara, potestque
    velle sub amplexus ire puella tuos; […]
105 Tunc ego te vellem celeri venisse carina,
    cum mea virginitas mille petita procis;
107 si te vidissem, primus de mille fuisses.
    Iudicio veniam vir dabit ipse meo. […]
113 Desine molle, precor, verbis convellere pectus,
    neve mihi, quam te dicis amare, noce; […]
117 At Venus hoc pacta est, et in altae vallibus Idae
    tres tibi se nudas exhibuere deae,
119 unaque cum regnum, belli daret altera laudem,
    »Tyndaridis coniunx,« tertia dixit, »eris!«
121 Credere vix equidem caelestia corpora possum
    arbitrio formam supposuisse tuo,
123 utque sit hoc verum, certe pars altera ficta est,
    iudicii pretium qua data dicor ego. […]

133 Prima mea est igitur Veneri placuisse voluptas;
    proxima, me visam praemia summa tibi,
135 nec te Palladios nec te Iunonis honores
    auditis Helenae praeposuisse bonis.
137 Ergo ego sum virtus, ego sum tibi nobile regnum!
    Ferrea sim, si non hoc ego pectus amem.

---

apposita … mensa: wenn der Tisch aufgestellt ist
lascivus: zügellos
notare: bemerken
protervus: frech
vix: *gehört zu* ferunt
instantes: trotz ihres Drängens
modo … modo: bald … bald
suspirare: seufzen
a!: ah!, ach!
supercilium: Augenbraue
extimui = timui
erubescere, rubui: erröten
nota: Zeichen

quod … deducta littera fecit: der … geschrieben war
si … fuissem: wenn ich hätte sündigen wollen
pectus, oris *n.*: *hier*: Herz

sub ≈ in
carina: Schiff
virginitas, tatis *f.*: Jungfräulichkeit
procus: Freier, Bewerber

veniam dare + *Dat.*: Verständnis aufbringen für
neve: und nicht
convellere: erschüttern
exhibuere = exhibuerunt
vallis, is *f.*: Tal
se exhibere, hibui, hibitum: sich zeigen

equidem = quidem
caelestis, e: himmlisch
corpus, oris *n.*: *hier*: Gestalt
arbitrium: Ermessen, Meinung, Urteil
supponere: unterwerfen
ut + *Konj.*: gesetzt den Fall, dass
iudicii … ego: nach dem ich angeblich als Belohnung für deinen Urteilsspruch angeboten wurde
visam: *erg.* esse
bonum: *hier*: Vorzug, Qualität

pectus, oris.: *hier*: Herz

139 Ferrea, crede mihi, non sum; sed amare repugno
     illum, quem fieri vix puto posse meum. […]
143 Sum rudis ad Veneris furtum, nullaque fidelem –
     di mihi sunt testes – lusimus arte virum. […]

149 Ipse malo metus est; iam nunc confundor, et omnes
     in nostris oculos vultibus esse reor.

repūgnāre: sich wehren

rudis, e: ungebildet, unerfahren
fūrtum: *hier*: Betrügerei, Betrug
dī = deī
lūdere: *hier*: betrügen, hintergehen
malum: Übel
cōnfundere: verwirren

1 a) Zeigen Sie, wie Helena auf Paris' Verhalten beim Gastmahl reagiert. Zitieren Sie lateinisch.
  b) Vergleichen Sie V. 77–90 mit Text 4.

2 Bestimmen Sie die Gliedsätze in V. 93–108 und erläutern Sie ihre inhaltliche Funktion.

3 Arbeiten Sie heraus, wie Helena die Szene mit den drei Göttinnen beurteilt und welche Wirkung sie in ihr hervorruft.

4 Nennen Sie die Gründe, die Helena für ihren Widerstand angibt, und bewerten Sie sie.

5 Vergleichen Sie die Abbildung mit Ovids Beschreibung der Gastmahlszene.

*Römisches Fresko aus Pompeji, 1. Jhdt. v. Chr.*

# Teil 3: Einerseits, andererseits

153 At tu dissimula, nisi si desistere mavis!
   Sed cur desistas? Dissimulare potes.

155 Lude, sed occulte! Maior, non maxima, nobis
   est data libertas, quod Menelaus abest.

157 Ille quidem procul est, ita re cogente, profectus;
   magna fuit subitae iustaque causa viae –

159 aut mihi sic visum est. Ego, cum dubitaret, an iret,
   »quam primum,« dixi, »fac rediturus eas!«

161 Omine laetatus dedit oscula, »Res« que »domusque
   et tibi sit curae Troicus hospes,« ait.

163 Vix tenui risum, quem dum compescere luctor,
   nil illi potui dicere praeter »Erit.«

165 Vela quidem Creten ventis dedit ille secundis;
   sed tu non ideo cuncta licere puta!

167 Sic meus hinc vir abest, ut me custodiat absens –
   an nescis longas regibus esse manus? […]

173 Nec, quod abest hic me tecum, mirare, relicta;
   moribus et vitae credidit ille meae. […]

177 Tempora, ne pereant ultro data, praecipis, utque
   simplicis utamur commoditate viri.

179 Et libet et timeo, nec adhuc exacta voluntas
   est satis; in dubio pectora nostra labant.

181 Et vir abest nobis, et tu sine coniuge dormis,
   inque vicem tua me, te mea forma capit;

183 et longae noctes, et iam sermone coimus,
   et tu, me miseram!, blandus, et una domus.

185 Et peream, si non invitant omnia culpam;
   nescio quo tardor sed tamen ipsa metu!

---

dēsistere, stitī, –: aufhören, aufgeben
lūdere: *hier*: betrügen

procul proficīscī: eine weite Reise machen
subitus: plötzlich
quam prīmum *Adv.*: möglichst bald
fac + *Konj.*: *verstärkter Imperativ*
ōmen, ōminis *n.*: *hier*: Wunsch

rīsus, ūs *m.*: Lachen
compēscere: unterdrücken

vēlum: Segel
Crētēn: nach Kreta
ideō *Adv.*: deshalb

cūstōdīre: bewachen

nec mīrāre = nōlī mīrārī

tempora ultrō data: freiwillig gebotene Gelegenheit
perīre: *hier*: verstreichen
praecipere: *hier*: raten
commoditās, tātis *f.*: Vorteil

libet (mihi), libuit/libitum est: es gefällt (mir)
exāctus: genau, sicher
labāre: schwanken

dormīre: schlafen
in vicem: wechselseitig

longae: *erg.* sunt
coīre, eō, iī, itum: zusammenkommen, sich näher kommen
blandus: schmeichelnd; gewinnend

peream: ich will des Todes sein
invītāre: einladen
nesciō quī: irgendein
tardāre: *hier*: zurückhalten

187 Quod male persuades, utinam bene cogere posses!
    Vi mea rusticitas excutienda fuit. […]

male *Adv.*: schändlicherweise
bene *Adv.*: auf ehrenhafte Weise
rūsticitās, tātis *f.*: übertriebene
  Schamhaftigkeit
excutere: erschüttern
fuit ≈ esset

191 Dum novus est, potius coepto pugnemus amori!
    Flamma recens parva sparsa residit aqua.

pūgnāre + *Dat.*: kämpfen gegen
sparsus: besprengt
rēsidere: erlöschen

193 Certus in hospitibus non est amor; errat, ut ipsi,
    cumque nihil speres firmius esse, fugit. […]
201 Adde, quod, ut cupias constans in amore manere,
    non potes. Expediunt iam tua vela Phryges;
203 dum loqueris mecum, dum nox sperata paratur,
    qui ferat in patriam, iam tibi ventus erit.
205 Cursibus in mediis novitatis plena relinques
    gaudia; cum ventis noster abibit amor.

cum + *Konj.*: während
quod: *faktisch*
ut + *Konj.*: wenn auch
expedīre: bereit, fertig machen

cursibus in mediīs: während sie noch
andauern
novitātis plēna … gaudia ≈ nova
gaudia

1 a) Schreiben Sie aus dem Text die Ratschläge heraus, die Helena Paris gibt.
  b) Nennen Sie den Grund für diese Taktik (lateinischer Schlüsselbegriff)
  und bewerten Sie ihn.

2 Beschreiben und deuten Sie Menelaus' Verhalten bei seiner Abreise.

3 Erklären und kommentieren Sie Helenas Verhalten in dieser Abschiedsszene.

4 V. 179–206: Beschreiben Sie Helenas Konflikt. Tragen Sie in eine Liste ein, was aus ihrer
Sicht für und was gegen eine Beziehung mit Paris spricht (lateinische Stichpunkte).

| Pro | Contra |
|-----|--------|
|  |  |
|  |  |
|  |  |

5 Was wäre(n) in Helenas Augen die beste(n) Lösung(en)? Erklären Sie, warum.

6 Erläutern Sie die Stilmittel in V. 167f. und V. 192 sowie deren Wirkung

# Teil 4: Eine Hintertür?

207 An sequar, ut suades, laudataque Pergama visam
    pronurus et magni Laumedontis ero?
209 Non ita contemno volucris praeconia famae,
    ut probris terras impleat illa meis.
211 Quid de me poterit Sparte, quid Achaia tota,
    quid gentes Asiae, quid tua Troia loqui? […]

223 At fruar Iliacis opibus cultuque beato,
    donaque promissis uberiora feram;
225 purpura nempe mihi pretiosaque texta dabuntur,
    congestoque auri pondere dives ero!

227 Da veniam fassae – non sunt tua munera tanti;
    Nescio quo tellus me tenet ista modo.
229 Quis mihi, si laedar, Phrygiis succurret in oris?
    Unde petam fratres, unde parentis opem? […]
241 Et vatum timeo monitus, quos igne Pelasgo
    Ilion arsurum praemonuisse ferunt. […]

247 Nec dubito, quin, te si prosequar, arma parentur.
    Ibit per gladios, ei mihi! noster amor. […]
253 Quod bene te iactes et fortia facta loquaris,
    a verbis facies dissidet ista tuis.

255 Apta magis Veneri, quam sunt tua corpora Marti.
    Bella gerant fortes, tu, Pari, semper ama! […]
265 Sed nimium properas, et adhuc tua messis in herba est.
    Et mora sit voto forsan amica tuo.

267 Hactenus; arcanum furtivae conscia mentis
    littera iam lasso pollice sistat opus.

269 Cetera per socias Clymenen Aethramque loquamur,
    quae mihi sunt comites consiliumque duae.

---

prōnurus, ūs *f.*: Gattin des Enkels
praecōnium: Bekanntmachung
volucer, cris, e: geflügelt, schnell
probrum: Schmach, Schandtat
implēre: anfüllen
Spartē = Sparta

cultus, ūs *m.*: *hier*: Leben
prōmissīs: *erg.* dōnis
über, eris: fruchtbar; reich
ferre: *hier*: erhalten
purpura ≈ purpurea
nempe *Adv.*: denn
textum: Gewebe, Kleid
congestum: *PPP zu* congerere: an-,
aufhäufen
veniam dare: verzeihen
tantī esse: so viel wert sein
nesciō quī: irgendein
succurrere, currī, cursum: zu Hilfe
eilen
petere: *hier*: herbeirufen
vātēs, is *m.*: Weissager, Seher
monitus, ūs *m.*: Warnung
praemonēre: vorhersagen
prōsequī, secūtus sum: begleiten,
folgen
ei!: wehe!
quod + *Konj.*: wenn (auch)
sē iactāre: sich brüsten
loquī + *Akk.*: erzählen von
dissidēre ab: im Widerspruch
stehen zu
Pari: *Vok. zu* Paris
properāre: eilen, es eilig haben
messis, is *f.*: Ernte
in herbā esse: auf dem Halm
stehen; *d. h., die Ernte ist noch nicht
unter Dach und Fach*
forsan *Adv.*: vielleicht
hāctenus *Adv.*: bis hierher; nur so
viel
arcānum: Geheimnis
fūrtīvus: verschwiegen
cōnscius + *Akk.*: einer, der etw.
kennt
littera: *hier*: Brief
pollex, icis *m.*: Daumen; *hier*: Hand
opus sistere: aufhören, enden
socia: Gefährtin
Clymenēn: *Akk. zu* Clymenē
cōnsilium: *hier*: Ratgeberin

1 Ergänzen Sie die zu Teil 3, Aufgabe 4 angefertigte Liste.

2 Untersuchen Sie, ob Helena zu erkennen gibt, welche Argumente für sie die wichtigsten sind.

3 V. 267–270: Interpretieren Sie das Ende des Briefes.


*Zu den Teilen 1-4*

1 Erklären Sie, in welcher Absicht Helena diesen Antwortbrief verfasst hat.


*Zu den Texten 10 und 11*

1 Charakterisieren Sie die beiden Briefschreiber.

2 Vergleichen Sie die beiden Briefe. Berücksichtigen Sie Tenor und Absicht.

3 Nennen Sie die hier vorkommenden Motive, die Sie bereits aus Ovids Liebeselegien kennen. In welcher Form sind sie hier verwendet?

4 a) Lesen Sie den Zusatztext und zeigen Sie, wer hier wem die Schuld am Ausbruch des Trojanischen Krieges gibt.
b) Erörtern Sie, welcher Einstellung Ovid in seiner Interpretation den Vorzug gibt.

5 Was weiß der im Mythos bewanderte Leser, was Paris und Helena, als sie ihre Briefe schreiben, nicht wissen? Erläutern Sie die dadurch hervorgerufene Wirkung auf den Leser.

6 a) Nennen Sie sprachlich-stilistische Merkmale, die den Text als Brief ausweisen.
b) Vergleichen Sie diese mit der Form heutiger Briefe.


## Homer Ilias 3,161–185

*Helena und Priamos schauen auf das griechische Heerlager:*

So sprachen sie, Priamos aber sprach Helena folgendermaßen an: »Komm her und setz dich her zu mir, mein liebes Kind, damit du deinen früheren Mann und die Freunde und Verwandten siehst. In meinen Augen bist du nicht schuldig, die Götter sind doch schuldig, die mir den leidvollen Krieg gegen die Griechen gesendet haben. […]« Diesem antwortete Helena, die Göttliche unter den Frauen: »Ehrenwert bist du für mich, lieber Schwiegervater, und furchtbar. Hätte mich doch lieber der Tod ergriffen, als ich deinem Sohne hierher folgte, mein Ehebett und die Freunde verließ, mein einziges Kind und auch die liebe Schar der Gefährtinnen. Aber so geschah es nicht; darüber versinke ich nun in Tränen.«
*(Übers. P. Kuhlmann)*

1 a) Beschreiben Sie die in der Abbildung dargestellte Szene und erklären Sie, welcher Moment hier eingefangen ist. – b) Vergleichen Sie die Darstellung des Paris mit dem Bild, das in den Heroides von ihm entworfen wird, und geben Sie Gründe für die Unterschiede an.

*Charles Meynier (1768–1832): Helena und Paris.*

## Das Werk Ovids

Ovids (fast vollständig erhaltene) Schriften zeichnen sich durch zwei thematische Schwerpunkte aus, Erotik und Mythologie.

Am Anfang stehen seine *Amores*, »Liebeselegien« (vgl. S. 21), gefolgt von den *Heroides*, »Briefe der Heroinen« (vgl. S. 31). Nach den *Medicamina faciei feminae*, einem Lehrgedicht über die Schönheitspflege, erscheint mit der *Ars amatoria* Ovids bekanntestes erotisch-didaktisches Werk. Hier gibt er den Männern und Frauen einschlägige Tipps und singt zugleich ein Loblied auf das urbane Leben. Die *Remedia amoris*, »Heilmittel gegen die Liebe«, zeigen, wie man sich gegen eine unerwünschte allzu leidenschaftliche Liebe wehren kann.

Ovids berühmteste Dichtung, die *Metamorphosen*, versammelt Sagen und Mythen, die alle Verwandlungsgeschichten zum Inhalt haben, während es in den *Fasti* um die Ursprünge römischer Feste und Festzeremonien geht.

Aus der Zeit des Exils stammen die *Tristia*, »Klagelieder«, und die *Epistulae ex Ponto*, »Briefe aus Pontus«, in denen Ovid seinem Kummer über die Verbannung und seiner Hoffnung auf eine Rückkehr nach Rom Ausdruck gibt.

# Zur Metrik

Ovids Amores und Heroides sind in rhythmisch gegliederten Versen verfasst, wobei jeweils ein Hexameter und ein Pentameter miteinander abwechseln. Diese Kombination wird als »(elegisches) Distichon« bezeichnet.

Ein *Hexameter* (von griech. *hex* = sechs) besteht aus sechs Einheiten, sogenannten Versfüßen (Metren, Pl. von Metrum). Die ersten vier Versfüße sind Daktylen (Schema eines Daktylus: –∪∪, z. B. *cēdimus*), die auch durch Spondeen (Schema eines Spondeus: – –, z. B. *scrībō*) ersetzt werden können. Der fünfte Versfuß ist gewöhnlich ein Daktylus, während der sechste ein Spondeus oder ein Trochäus (Schema: –∪, z. B. *frāter*) sein kann.

Ein Hexameter zeigt also folgenden Aufbau:

–∪∪|–∪∪|–∪∪|–∪∪|–∪∪|– x (Das x steht für – oder ∪ )

Ein *Pentameter* (von *griech.* penta = fünf) besteht ebenfalls aus sechs Metren, wobei aber der dritte und vierte Versfuß jeweils um die zweite Hälfte verkürzt sind, sodass sich insgesamt fünf Versfüße ergeben. Ein Pentameter ist wie folgt aufgebaut:

–∪∪|–∪∪|– ‖ –∪∪|–∪∪|x

## Silbenlänge

Um einen Vers richtig lesen zu können, muss man wissen, ob die Silbe eines Wortes lang oder kurz ist.
Lang ist eine Silbe,
1. wenn sie von Natur aus lang ist (*amīcus; aetās*);
2. wenn sie positionslang ist, d. h., wenn auf einen kurzen Vokal zwei oder mehr Konsonanten folgen. Ausnahme: Folgt auf einen der Konsonanten b/d/g/p/t/c der Konsonant l oder r, muss dies in der Poesie keine Länge bewirken.
Eine Silbe, die weder von Natur noch aufgrund ihrer Position lang ist, ist kurz.

## Elision und Aphärese

Das Zusammentreffen eines Vokals am Wortende mit einem Vokal am Anfang des folgenden Wortes (= *Hiat*) gilt als verpönt. Ein Hiat wird entweder durch *Elision* oder *Aphärese* vermieden:
Elision: Wegfall des Endvokals vor anlautendem Vokal oder h (*ante oculōs*: lies *antoculōs*). Elidiert wird auch, wenn die Endsilbe auf -m endet, da ein auslautendes -m möglicherweise eine Nasalierung des Vokals bewirkte (*verum invita*: lies *vērinvīta*).
Aphärese: Ein kurzer Vokal im Wortanlaut, besonders bei est, wird nicht gesprochen (*indīgnum* est: lies indīgnumst).

## Zäsuren und Enjambement

Die Pause innerhalb eines Hexameters oder Pentameters, die den Vers inhaltlich-syntaktisch gliedert, heißt Zäsur. Die wichtigste Zäsur steht nach dem fünften halben Metrum und heißt Penthemimeres:

*Nam, puto, sentirem,* ‖ *si quo temptarer amore.* (Text 2, V. 5)

Der Einschnitt nach dem dritten halben Metrum wird als Trithemimeres, der nach dem siebten halben Metrum als Hephthemimeres bezeichnet.

*at Phoebus* ‖ *comitesque novem* ‖ *vitisque repertor* (Text 3, V. 11)

Das Versende markiert meist einen inhaltlich-syntaktischen Einschnitt. Manchmal aber lässt die Wortstellung keine Pause zu und die Versgrenze wird übersprungen. In diesem Fall spricht man von einem *Enjambement*:

*Esse quid hoc dicam, quod tam mihi dura videntur*
    *strata* (Text 2, V. 1f.)

## Einige Besonderheiten in der Sprache Ovids

Ovids Sprache weist einige Eigenheiten auf, die vor allem metrisch bedingt sind:

- Bei der 3. Pers. Pl. Perf. Akt. findet sich statt -ērunt die Endung -ēre, z. B. *rapuēre* (Text 9, V. 16).
- Das Perfektmorphem kann ausfallen, z. B. *nōrit* statt *nōverit* (Text 3, V. 6). Bei der 2. Pers. Sg. Pass. wird die Endung -ris manchmal durch -re ersetzt, z. B. *patiāre* statt *patiāris* (Text 10, V. 272).
- Der Imperativ Sg. wird durch einfaches *nec* verneint (statt nē + Konj. Perf.); z. B. *nec timē* (Text 10, V. 341) oder umschrieben, z. B. durch *parce* + Inf. (Text 2, V. 50).
- Statt eines Singulars, der vom Sinn her zu erwarten wäre, steht ein sogenannter »poetischer« Plural, z. B. *tam mihi dura videntur / strata* (Text 2, V. 1f.).
- Die Kopula est fällt bisweilen aus, z. B. *sī qua fidēs* <est> (Text 3, V. 16).
- Der Ablativ steht manchmal ohne Präposition: *terrā requiēscit uterque* → *terrā* statt *in terrā* (Text 5, V. 7).
- Der Dativ ersetzt einen mit Präposition stehenden Ablativ: *Taenaris est classī terra petīta meae; classī meae* statt *ā classe meā* (Text 10, V. 30).

# Stilmittel

Vor allem in literarischen Texten gibt es oft sprachliche Besonderheiten, die darauf hindeuten, dass der Autor mit der gewählten Ausdrucksweise eine zusätzliche Absicht verbindet. Diese sprachlichen Besonderheiten gehören zu den Stilmerkmalen eines Textes. Welche Absicht mit einem solchen Stilmittel jeweils verbunden ist – z. B. Betonung eines Gedankens, Überraschung des Lesers, Weckung bestimmter Gefühle –, kann nur im Textzusammenhang geklärt werden. In der Poesie ist eine Deutung oft besonders schwierig, da sich durch das Versmaß gewisse Zwänge ergeben können (manche Wörter von der Struktur – ◡ – wie z. B. dīxerint passen in keinen Hexa- oder Pentameter) und der Dichter somit in seiner Freiheit eingeschränkt ist.

## Alliteration
Stabreim, Wiederholung des Anfangslauts, z. B. Text 4, V. 59:
> Me miserum! Monui

## Anapher
Ein und dasselbe Wort wird zu Beginn einer Wortgruppe oder eines Satzes wiederholt, z. B. Text 3, V. 5f.:
> *Accipe, per longos tibi qui deserviat annos*
> *accipe, qui pura norit amare fide!*

## Antithese
Wichtige Wörter oder Wortgruppen werden als Gegensatz einander gegenübergestellt, z. B. Text 4, V. 19: *Verba superciliis sine voce loquentia dicam*

## Apostrophe
Der Autor spricht eine nicht anwesende Person oder Sache direkt an, z. B. Text 2, V. 19: *Tua sum nova praeda, Cupido*

## Asyndeton
gleichgeordnete Satzglieder stehen unverbunden nebeneinander, z. B. Text 2, V. 23:
*Necte comam myrto, maternas iunge columbas*

## Chiasmus
Einander entsprechende Wörter oder Wortgruppen sind spiegelbildlich angeordnet, z. B. Text 4, V. 66:
> *blanditiae taceant*
>        X
> *sitque maligna Venus*

## Ellipse
Ein (leicht) zu ergänzendes Wort fehlt, z. B. Text 3, V. 16: *si qua fides <est>*

## Hendiadyoín
(»Eins durch zwei«): Ein Gedanke oder Begriff wird durch zwei Elemente wiedergegeben, z. B. Text 10, V. 132: *dignum conspicuumque* (»betrachtenswert«)

## Hyperbaton
Syntaktisch zusammengehörende Wörter sind durch einen Einschub getrennt, z. B. Text 2, V. 4: *lassaque versati corporis ossa dolent*

## Klimax

Steigerung, z. B. Text 8, V. 3f.:

*Scilicet asserui iam me fugique catenas*
*et quae non puduit ferre, tulisse pudet.*

## Metapher

Der eigentliche Ausdruck wird durch einen aus einem anderen Bereich stammenden ersetzt, z. B. Text 7, V. 4:

*Ferreus est, si quis, quod sinit alter,*
(→ *ferreus* »aus Eisen« statt »unerschütterlich«)

## Metonymie

Ein Ausdruck wird durch einen aus demselben Bereich stammenden ersetzt, z. B. Text 4, V. 21: *Cum tibi succurret Veneris lascivia nostrae* (→ *Veneris* steht statt *amoris*)

## Parallelismus

Einander entsprechende Wörter sind parallel angeordnet, z. B. Text 3, V. 14: *nudaque simplicitas purpureusque pudor*

## Parenthese

Einschub, ohne syntaktische Verbindung mit dem Kontext, z. B. Text 11, V. 183: *et tu, me miseram!, blandus*

## Personifikation

Sachen oder Begriffe werden als Personen dargestellt, z. B. Text 2, V. 31f.:

*Mens Bona ducetur manibus post terga retortis,*
*et Pudor, et castris quidquid Amoris obest*

## Polyptoton

Ein Wort wird in verschiedenen Formen wiederholt, z. B. Text 2, V. 27: *Ducentur capti iuvenes captaeque puellae*

## Rhetorische Frage

Frage, auf die man keine Antwort erwartet, weil man sie zu wissen glaubt, z. B. Text 5, V. 15f.:

*Quis nisi vel miles vel amans et frigora noctis*
*et denso mixtas perferet imbre nives?*

## Synekdoché (*pars pro toto*)

Nennung eines Einzelaspekts anstelle eines Oberbegriffs, z. B. Text 11, V. 268: *littera iam lasso pollice sistat opus.*
(→ *pollex* »Daumen« > Hand)

## Vergleich

Ein Sachverhalt wird mit einem anderen verglichen, z. B. in Text 8, V. 12: *excubui clausam servus ut (= ut servus) ante domum*

# Verzeichnis der Eigennamen

Achaia — Griechenland

Aegīdēs, ae *m.* — Aegide; *gemeint ist Theseus als Nachkomme des Aegeus, des Königs von Athen; Theseus hatte die zwölfjährige Helena geraubt*

Aethra — *Dienerin Helenas*

Amor, ōris *m.* — Amor; *Gott der Liebe*

Asia — Asien, Kleinasien

Atrīdēs, ae *m.* — Sohn des Atreus = Menelaus

Bacchus — *Gott des Weins*

Clymenē, ēs *f.* — *Dienerin Helenas*

Corinna — *Geliebte Ovids*

Crētē, ēs *f.* — Kreta; *Insel im Mittelmeer*

Cupīdo, dinis *m.* — *Liebesgott* (Amor); *Sohn der Venus*

Cytherēa — Göttin von Cythera = Venus

Dardanius — dardanisch, trojanisch

Dōricus — dorisch = griechisch

Graecia — Griechenland

Helena / Helenē, ēs — Helena; *Tochter des Jupiter und der Leda*

Ida — *Gebirge im Gebiet von Troja*

Idaeus — vom Ida-Gebirge

Iliacus — ilisch, trojanisch

Ilion, ī *n.* — Ilion = Troja

Iunō, ōnis *f.* — Juno; *Gemahlin Jupiters*

Iuppiter, Iovis *m.* — Jupiter

Lacedaemōn, onis *f.* — Sparta

Laumedōn, ntis *m.* — Laomedon; *König von Troja, Vater des Priamus*

Lēda — *Jupiter näherte sich ihr als Schwan und zeugte mit ihr Helena*

Lēdaea — *Tochter der Leda = Helena*

Mārs, Mārtis *m.* — *Gott des Krieges*

Menelaus — *König von Sparta, Ehemann Helenas*

Mīnōis, idis *f.* — *Tochter des Minos = Ariadne*

Mīnōs, ōis *m.* — *König von Kreta*

Mūsa — Muse

Palladius — der Pallas (Athene)

Pallas, adis *f.* — *Beiname der Göttin Athene*

Paris, idis *m.* — *trojanischer Prinz*

Pelasgus — pelasgisch, griechisch

Pergama, ōrum *n. Pl.* — anderer Name Trojas

Pherec̄lēus — von Phereclus *(Schiffsbaumeister des Paris)* erbaut

Phoebus — *Beiname Apollos als Gott der Dichtkunst*

Phryges, um *m. Pl.* — Phryger, Trojaner

Phrygius — phrygisch, trojanisch

Sīgēus — sigeisch, *nach Sīgēum, Stadt und Vorgebirge im Gebiet von Troja*

Spartē, ēs *f.* — Sparta; *Stadt in Griechenland*

Taenaris (terra) — das Land Taenaris, *Gebiet um Sparta, benannt nach dem Kap Taenarum*

Taenarius — taenarisch

Thēseus — *athenischer Königssohn; entführte die kretische Königstochter Ariadne, nachdem sie ihm gegen den Minotaurus geholfen hatte*

Trōia — Troja; *Stadt in Kleinasien*

Trōicus — trojanisch

Tyndaris, idis *f.* — Tochter des Tyndareus (= *Ehemann von Helenas Mutter Leda*)

Venus, eris *f.* — *Göttin der Liebe*

# Lernvokabeln

abundāre + *Abl.* — Überfluss haben an
adhūc *Adv.* — bis jetzt, noch
aeger, gra, grum — krank
aequor, oris *n.* — Meer(esfläche)
ambō, ae, ō — beide (zusammen)
āmēns, ntis — von Sinnen, außer sich
amplectī, plexus sum — umarmen, umfassen
amplexus, ūs *m.* — Umarmung
ante *Adv.* — früher
appellere, pulī, pulsum — (an Land) antreiben
arātrum — Pflug
arbiter, trī *m.* — Schiedsrichter
arbitrium — Ermessen, Meinung, Urteil
ārdēre, ārsī, ārsum — brennen
armātus — bewaffnet
aura — Luft, Wind
aureus — golden
bibere, bibī, – — trinken
blanditia — Schmeichelei
bonum — Gut
bracchium — Arm
caedere, cecīdī, caesum — fällen, erschlagen
caelestis, e — himmlisch
callidus — schlau, verschlagen
candidus — strahlend, schneeweiß
canere, cecinī, – — singen, rufen
canis, is *m./f.* — Hund
cantāre — (be)singen
carīna — Schiff
castus — keusch
catēna — Kette
cēlāre — verbergen, verheimlichen
cēna — Mahlzeit
circumdare, dedī, datum — herumlegen
coīre, eō, iī, itum — zusammenkommen, sich näher kommen
collum — Hals
cōmis, e — freundlich
complectī, plexus sum — umarmen
cōnfitērī, fessus sum — (ein)gestehen
cōnspicuus — sichtbar, auffallend, herausragend
cōnstantia — Standhaftigkeit, Beständigkeit

cōnsurgere, surrēxī, surrēctum — sich erheben
contegere, tēxī, tēctum — bedecken
convalēscere, valuī, – — genesen, sich erholen
crās *Adv.* — morgen
cultus, ūs *m.* — Pflege, Lebensart
cūnctārī — zögern
currus, ūs *m.* — Wagen
damnum — Verlust, Schaden
decet, uit — es gehört sich, es ist angemessen
decus, oris *n.* — Zierde
dēliciae, ārum *f. Pl.* — Vergnügen, Genuss
dēmere, dēmpsī, dēmptum — wegnehmen
dēnsus — dicht
dēsidia — Müßiggang, Faulheit
dēsistere, stitī,- — aufhören, aufgeben
digitus — Finger
dissimulāre — verheimlichen
domāre, domuī, domitum — zähmen, bezwingen
dormīre — schlafen
dūrāre — dauern
epulae, ārum. *f. Pl.* — Speisen; Gastmahl
error, ōris *m.* — Irrtum; Irrfahrt
exigere, ēgī, āctum — ausführen, vollenden
expedīre — bereit, fertig machen
exstāre, –, – — sich zeigen
exsultāre + *Abl.* — jubeln über
exul, exulis — verbannt
faciēs, ēī *f.* — Gesicht, Gestalt; Schönheit
fallāx, ācis — trügerisch
fatīgāre — ermüden
fēlīx, īcis — glücklich; fruchtbar
ferreus — aus Eisen, eisern
ferus — wild
fidūcia — Vertrauen
figūra — Gestalt; Schönheit
fīnīre — beenden
forēs, ium *f. Pl.* — Tür
fōrmōsus — schön
fortāsse *Adv.* — vielleicht
fovēre, fōvī, fōtum — wärmen
fūrtim *Adv.* — verstohlen, heimlich
gaudium — Freude, Vergnügen
geminus — Zwilling
gemitus, ūs *m.* — Seufzen, Stöhnen

| | |
|---|---|
| hāctenus *Adv.* | bis hierher; nur so viel |
| haerēre, haesī | stecken bleiben |
| hīc *Adv.* | hier |
| hinc *Adv.* | von hier |
| hospitium | Gastfreundschaft |
| hūc *Adv.* | hierher |
| idcircō *Adv.* | deshalb |
| ideō *Adv.* | deshalb |
| īgnāvus | träge, feige |
| imber, bris *m.* | Regen |
| immēnsus | unermesslich (groß) |
| impellere, pulī, pulsum | anstoßen, antreiben |
| indīgnārī | für unwürdig / empörend halten |
| iners, rtis | träge, untätig |
| īnfēstus | feindselig, gefährlich |
| ingenuus | frei(geboren) |
| ingrātus | unlieb, unerfreulich; undankbar |
| intrāre | eintreten |
| invādere, vāsī, vāsum | angreifen |
| invītāre | einladen |
| īrāscī, īrātus sum | zürnen, zornig / wütend sein |
| lacertus | (Ober-)Arm |
| lascīvia | Ausgelassenheit, Zügellosigkeit |
| lassus | müde, erschöpft |
| lectus | Bett |
| libet, libuit/libitum est | es gefällt |
| līmen, minis *n.* | Schwelle, Eingang |
| lūmen, inis *n.* | Licht; Auge |
| māgnificus | großartig, prachtvoll |
| malum | Übel |
| mandātum | Auftrag, Anweisung |
| marītus | Ehemann |
| membrum | Glied |
| mēnsa | Tisch |
| mentīrī | sich ausdenken, lügen |
| mercēs, cēdis *f.* | Lohn, Preis |
| merum | (unvermischter) Wein |
| mītis, e | mild, sanft |
| modestus | bescheiden, sittsam |
| mollīre | weich machen, verweichlichen |
| nimium *Adv.* | zu viel, zu sehr |
| nix, nivis *f.* | Schnee |
| nocturnus | nächtlich |
| nōtus | bekannt, berühmt |
| nūbere, nūpsī, nūptum + *Dat.* | (einen Mann) heiraten |

| | |
|---|---|
| nūper *Adv.* | neulich |
| obesse, sum, fuī | im Wege/entgegen stehen |
| ōlim *Adv.* | einst, dereinst |
| ōsculum | Kuss |
| pacīscī, pactus sum | sich ausbedingen; verabreden |
| paenitet (mē) + *Gen.* | etw. reut/ärgert (mich) |
| parcus | sparsam; karg, ärmlich |
| patientia | Geduld |
| peccāre | sündigen |
| pecus, ūdis *f.* | Stück Vieh, Tier |
| porrigere, rēxī, rēctum | darreichen |
| possīdere, sēdī, sessum | in Besitz nehmen |
| potius *Adv.* | eher, lieber |
| praeferre, ferō, tulī, lātum | zeigen |
| praepōnere, posuī, positum | vorziehen |
| precārī | beten, bitten |
| pretiōsus | kostbar, wertvoll |
| probrum | Schmach, Schandtat |
| prōdīre, eō, iī, itum | heraus-, hervorkommen |
| properāre | eilen, es eilig haben |
| prōsequī, secūtus sum | begleiten, folgen |
| pudet | es erfüllt mit Scham |
| puella | (junges) Mädchen |
| puppis, is *f.* | Heck; Schiff |
| purpureus | purpurfarben |
| quamvīs + *Konj.* | obwohl |
| quandō? | wann? |
| querēla | Klage |
| quia | weil |
| quidquid | was auch immer; alles, was |
| quīn? | warum nicht? |
| quīvīs, quaevīs, quodvīs, *Gen.* cuiusvīs | jeder beliebiger |
| quondam *Adv.* | einst |
| quot | wie viele |
| quotiēns | wie oft |
| rārus | selten; gelegentlich |
| recusāre | ablehnen, zurückweisen |
| rēgia | Königsburg, -palast |
| rēgīna | Königin |
| rēmus | Ruder |
| repellere, reppulī, pulsum | zurückschlagen, -weisen |
| requiēscere, quiēvī, quietum | ruhen, sich erholen |
| rīvālis, is *m.* | Rivale, Nebenbuhler |

| | |
|---|---|
| rōbur, oris *n.* | Kraft |
| rudis, e | ungebildet, unerfahren |
| rūsticus | Bauer |
| rūsticus | bäurisch |
| sagitta | Pfeil |
| sānus | gesund |
| satis *Adv.* | genug, genügend |
| scīlicet *Adv.* | freilich, natürlich |
| sēcūrus + *Gen.* | sicher, sorglos |
| sēgnis, e | träge, schlaff |
| senīlis, e | greis(enhaft) |
| sērus | spät |
| servitium | Sklaven-, Knechtschaft |
| silēre, uī, – | still sein, schweigen |
| simplex, plicis | einfach, schlicht; ehrlich |
| sordidus | schmutzig, gemein |
| spernere, sprēvī, sprētum | verachten |
| spolia, ōrum *n. Pl.* | erbeutete Rüstung; Beute |
| succurrere, currī, cursum | zu Hilfe eilen |
| taurus | Stier |
| tener, a, um | zart |

| | |
|---|---|
| testārī | bezeugen |
| timidus | furchtsam |
| torquēre, torsī, tortum | foltern |
| torus | Bett |
| tot | so viele |
| triumphus | Triumph(zug) |
| tunc *Adv.* | dann; damals |
| turpis, e | hässlich, abstoßend; schimpflich, schändlich |
| ūber, eris | fruchtbar; reich |
| umquam *Adv.* | je(mals) |
| ūrere, ussī, ustum | (ver)brennen |
| vānus | leer, nichtig |
| vallis, is *f.* | Tal |
| vātēs, is *m.* | Weissager, Seher |
| vel ... vel | entweder ... oder |
| vēlum | Segel |
| venia | Verzeihung, Gnade |
| vetāre, vetuī, vetitum | verbieten |
| vexāre | quälen |
| vīnum | Wein |
| vītis, is *f.* | Weinrebe, -stock |
| volucer, cris, e | geflügelt, schnell |
| vōtum | Gebet, Gelübde, Wunsch |